贏在沉著
以冷靜
心態
笑到最後

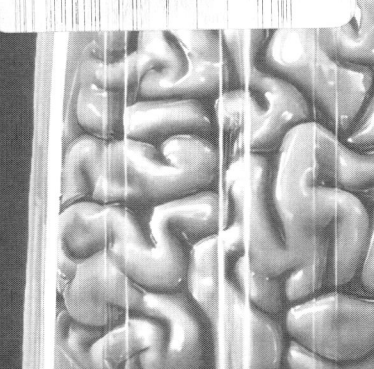

樂律

郭津宏 著

不炫耀 × 不衝動！在壓力中保持冷靜，逆轉局勢的低調哲學

👌 沉住氣，成大器　　失敗者錯失機遇的原因？
　　　　　　　　　　成功者走向巔峰的技巧？

解釋成功者與失敗者之間的差異　　　一部針對奮鬥者心理和
分析人們在生活、工作中的心態及行為　行為模式的深入探討之作！

目 錄

序

第一輯　做事可高調，做人須低調

才華過於外露，必然招人嫉妒 …………………… 012
展現自我不如韜光養晦 …………………………… 017
放低姿態，你將獲得人心 ………………………… 021
「以退為進」不是「真退」，而是「轉進」 ……… 028

第二輯　姿態端正，才能贏得尊重

「驕」字不倒，前進不了 ………………………… 036
驕傲是跌跤的前奏 ………………………………… 041
懂得自己無知，說明已有收穫 …………………… 045
小事成就大事，細節成就完美 …………………… 051

第三輯　為了安全，別把自己拋得太高

榮華顯露危機，低調成就自我 …………………… 058
自我顯示不如韜光養晦 …………………………… 063
高調做事，低調做人 ……………………………… 067
掩藏自我情緒，增加內心定力 …………………… 076
學會隱忍，弱勢也能成贏家 ……………………… 081

第四輯　前慮不定，後有大患

未雨綢繆，有備無患 …………………………………… 086
逞一時之快不如三思而後行 …………………………… 090
「敬」小人，親君子 …………………………………… 096
守住「祕密」，為自己留一方淨土 …………………… 105

第五輯　方圓做人，圓滿做事

堅持原則，處世隨和 …………………………………… 112
未雨先綢繆，防患於未然 ……………………………… 118
做人知進退，做事留餘地 ……………………………… 124
以退為進，欲擒故縱 …………………………………… 136

第六輯　厚黑相容處世，剛柔並濟做人

水能穿石，柔可克剛 …………………………………… 146
調整心態，做一個柔韌的人 …………………………… 155
懂得取捨，學會寬容 …………………………………… 164
柔和的語言沁人心田 …………………………………… 172

第七輯　處世讓一步為高，待人寬一分是福

- 懂分享，知進退 …………………………………… 186
- 放棄眼前小利益，獲得長遠大利益 ………………… 188
- 讓出榮譽，明哲保身 ………………………………… 198
- 面子給人方可情誼長存 ……………………………… 204
- 懂得在權勢旺時退讓 ………………………………… 212

第八輯　小忍成就大謀略

- 三思無悔，百忍無憂 ………………………………… 222
- 無法避免，那就忍受 ………………………………… 227
- 往往最後一把鑰匙能開啟門 ………………………… 234
- 忍耐是痛的，但結果是甜的 ………………………… 242

目錄

序

序

　　人們總是會說，人生一世不能枉活一回。看來很多人都想出人頭地有一番作為，社會因此而進步，人類更因此而發展。但成功者在這條奮鬥的路上經歷了多少曲折和艱辛，只有他們自己知道。

　　無論如何，這些成功者是幸運的，社會上還有很多經歷了無數考驗和艱辛的人仍然走在成功之路的邊緣，至今不為人所知；也還有很多胸懷大志、有才華肯吃苦的年輕人遭受著無情的挫敗和打擊。這些與出人頭地擦肩而過的人，這些風華正茂卻屢遭挫折的人，他們的才華與恆心、他們的氣度和努力不遜於那些成功者，他們與成功者的差距到底在哪裡？

　　在通向成功的道路上，大多數人更關注的是才能的累積，卻忘了沉住氣——成大器的為人處事哲學，其實這一點才是成功者與失敗者的本質差別。懂得為人之道、處世之方的人更善於抓住機遇，所以與別人相比，他們有更多的機會走向成功。

　　而那些與成功失之交臂的人，那些在屢戰屢敗中迷茫的人，有很多是難得的英才，他們因為對同事傲慢而錯失良機，因為恃才傲物而無法冷靜地思考，因為對上司的指責耿耿於懷而掩蓋了自己的光芒，因為不知道適可而止和巧妙迂迴的做事方法而弄巧成拙……

　　這些人缺的不是才能和勤奮，而是生活工作中的妙理玄機。眾人皆醉我獨醒的人注定孤單，強硬而執拗地堅持自己的方案卻不懂得去說服他人，即使方案再正確也會被束之高閣。

　　為人有道，處事有方，太隱忍則被人欺，太強硬則被人棄，太靈活會失去原則，太死板會失去人脈，太親密就會被人抓住要害，太有距離就會脫離大眾……

所以，那些胸懷壯志的人，那些正在艱難打拚的人，不妨留一點時間找找原因，用冷靜理智的心態為自己做個分析。

其實，想成大器的人要先沉住氣。看看那些成功者，哪一個沒有經歷過屈辱和挫折，哪一個沒有自己對人對事的一貫習性。韜光養晦、厚積薄發是大多數人成功的經驗和資本。

市面上教人成功的書魚龍混雜，它們總是給人一些看似有效的指點和方法，但真正沿著那些方法走下去，又大多半途而廢。因此本書以解決奮鬥者們心中的疑惑為出發點，對人們為人處事的方法和心態做了大量的調查分析，求實和考證失敗者錯失機遇的原因、成功者走向巔峰的技巧。從最要害處切入，從最根本處談起，以求能帶給讀者啟示，為奮進中的人們帶來幫助。

序

第一輯
做事可高調，做人須低調

一棵樹要長得更高，接受更多的光明，
它的根就必須更深入黑暗。

—— 尼采（Friedrich Nietzsche）

第一輯　做事可高調，做人須低調

才華過於外露，必然招人嫉妒

> 才華猶如一把雙刃劍，刺傷別人的時候也可能會刺傷自己。很多時候，鋒芒太露難免會招致一些人的嫉恨，以致傷害自己。

顯露才能招人恨，得勝之日箭穿心

有個人下山去看朋友，行走在山路上時，看見幾棵巨大的樹，枝葉茂盛，可是伐木的工匠卻站在一邊，誰也不去砍伐。這人便問：「這麼大的樹，你們為什麼不動手去砍伐呢？」工匠說：「這些樹木質不好，沒有什麼用處。」這人想了想才明白：正是因為這些樹沒有用，才能長得這麼高大。下山之後，到了朋友家，兩人相見十分高興，主人忙吩咐僕人殺鵝待客。僕人問道：「我們家的鵝一隻會叫，一隻不會叫，殺哪一隻才好呢？」主人不假思索地說：「殺那隻不會叫的好了。」

這人又糊塗了：剛才山上的樹因無用而終其天年，而今這隻鵝因無用而被殺，到底是有用好還是無用好？

生存是一門學問，太強了樹大招風，招人嫉妒；太弱了被人看不起，被一腳踢開：掌握好之間的分寸，才可以遊刃有餘。

鄭莊公準備伐許。戰前，他在國都舉行比賽，挑選先行官。

眾將一聽露臉立功的機會來了，都躍躍欲試，準備一顯身手。

第一個項目是擊劍格鬥。眾將都使出渾身解數，只見短劍飛舞，盾牌晃動，鬥來衝去。經過輪番比試，選出了六個人，參加下一輪比賽。

第二個項目是比射箭。第一個項目取勝的六名將領各射三支箭，以射中靶心多者為勝。其中第五位上來射箭的是公孫子都。他武藝高強，年輕氣盛，向來不把別人放在眼裡。只見他搭弓上箭，三箭連中靶心。他昂著頭，瞟了最後那位射手一眼，退下去了。

最後那位射手是個老人，鬍子有點花白，他叫潁考叔，曾勸莊公與母親和解，莊公很看重他。潁考叔上前，不慌不忙，「嗖嗖嗖」三箭射出，也連中靶心，與公孫子都平手。

只剩下兩個人了，莊公派人拉出一輛戰車，說：「你們二人站在百步外，同時來搶這部戰車。誰搶到手，誰就是先行官。」公孫子都跑了一半時，腳下一滑，跌了個跟頭，等爬起來時，潁考叔已搶車在手。公孫子都哪裡服氣，提腿就來奪車。潁考叔一看，拉起車飛步跑去。莊公忙派人阻止，宣布潁考叔為先行官。公孫子都懷恨在心。

潁考叔果然不負莊公之望，在進攻許國都城時，手舉大旗率先從雲梯衝上許都城頭。眼見潁考叔大功告成，公孫子都嫉妒得心口都痛了，竟抽出箭來，搭弓瞄準城頭上的潁考叔射去，一下子把潁考叔射穿，從城頭栽下來。另一位大將瑕叔盈以為潁考叔被許兵射中陣亡了，忙拿起戰旗，又指揮士卒衝城，終於拿下了許都。

其實，你應該讓他人明白，自己的優勢是透過艱苦努力獲得的。

大禹治水成功，但他付出一生的努力，風餐露宿，三過家門而不入，這樣取得的成就，還會有幾個人去嫉妒呢？如果我們所處優勢地位確實是透過自己的艱苦努力得到的，那麼不妨將此「艱苦歷程」告訴他人，以求得認同，減少妒忌。

總之，我們要學會低調做人，化解他人的嫉妒之心。這是非常有用

第一輯　做事可高調，做人須低調

的做人做事策略。在生活中，有不少人總是極力炫耀自己的才能，唯恐他人不知，還時不時嘲笑他人。要知道真正有才能有實力而又有心的人，深知低調做人的道理。

失意時敬人，得意時更要敬人

　　法國哲學家羅西法古曾經說：「如果你要得到仇人，就表現得比你的朋友優越吧；如果你要得到朋友，就讓你的朋友表現得比你優越。」

　　的確如此，人一見到得意張揚的人，就會有意疏遠。這一點，你只要想想當看到那些張揚狂妄的面孔時自己心裡的感覺，就會明瞭。失意時敬人，得意時更要敬人。

　　記得有一次，小李約了幾個朋友來家裡吃飯，這些朋友彼此間十分熟識。小李把他們聚在一起，主要是想藉著熱鬧的氣氛讓一位目前正陷於低潮的朋友心情好一些。

　　這位朋友不久前因經營不善結束了一家公司的經營，妻子因為不堪生活的壓力正與他談離婚的事。內外交困，他實在痛苦極了。

　　來吃飯的朋友都知道這位朋友目前的遭遇，大家都避免去談與事業有關的事，可是其中一位因為當時發了大財，賺了很多錢，幾杯酒下肚之後就忍不住開始談他的賺錢本領和花錢功夫，那種得意的神情連小李看了都有些不舒服。小李那位失意的朋友更是低頭不語，臉色非常難看，一下去上廁所，一下去洗臉，後來藉故提早離開了。

　　小李送他出去，走在巷口時，那位朋友憤憤地對小李說：「老吳有本事賺錢也不必在我面前吹噓嘛！」

此時，小李最清楚他的心情，因為十年前小李也有過人生的低潮，當時正風光的親戚在小李面前炫耀他的薪水多麼多麼高，年終獎金多麼多麼多，那種感受就如同把針一根根插在心上一般，說多難過就有多難過。

所以，與人相處一定要牢記「不要在失意者面前談論你的得意」。

一般來說，失意的人較少有攻擊性，鬱鬱寡歡是他們表現出的最為普通的一種形態，但別以為他們只是如此。聽你談論了你的得意後，他們普遍會產生一種心理──怨恨。這是一種心底深處對你不滿的反擊。你說得口沫橫飛，不知不覺已在失意者心中埋下了一顆炸彈。想想看，這多不值得啊！

失意者對你的怨恨多半不會立即顯現出來，因為他們此時無力顯現，但他們會透過各種方式來洩恨。例如說你壞話、扯你後腿、故意與你為敵，其主要目的就是要看一看你會得意到什麼時候。而最明顯的表現則是疏遠你，避免和你碰面，以免再聽到你的得意之事。於是，你在不知不覺中就失去了一個朋友。

不管失意者所採取的洩恨手段對你造成的損傷是大還是小，至少這是你人脈資源上的危機，對你絕不會有好處的。

像前面小李敘述的他那位失意的朋友，只要一談起那位曾在他面前談論得意之事的朋友就悶聲不語，後來小李才知道，他們再也沒有來往過。

因此，當你有了得意之事，不管是升了官，發了財，還是一切順利，切忌在正失意的人面前談論。如果不知道某人正失意也就算了，如果知道，絕對不要開口。要切忌「在失意人面前談論得意之事」。

第一輯　做事可高調，做人須低調

　　不過有一點你必須注意，就算在座的人沒有正失意的，總也有情況不如你的，你的得意還是有可能引起他們的反感的。人總是有嫉妒心的，這一點你必須承認。

　　所以，得意時就少說話，這樣既敬人又敬己。做人要懂得謙虛。

展現自我不如韜光養晦

> 鋒芒畢露，必定會招來禍患。保持生命的低姿態，便可避開無謂的紛爭，更好地保全自己，發展自己，成就自己。

朱元璋稱帝的妙招

不過於表現自己，是保護自己的一種方式，是走向成功的一塊奠基石。鋒芒畢露自會招來禍患。

在秦始皇陵兵馬俑博物館中，一尊被稱為「鎮館之寶」的跪射俑前總是有許多觀賞者駐足，他們為跪射俑的姿態和寓意而感嘆。導遊介紹說，跪射俑被稱為兵馬俑中的精華，古代雕塑藝術的傑作。

仔細觀察這尊跪射俑：它身穿交領右衽齊膝長衣，外披黑色鎧甲，脛著護腿，足穿方口齊頭翹尖履，頭綰圓形髮髻，左腿蹲曲，右膝跪地，右足豎起，足尖抵地，上身微左側，雙目炯炯，凝視左前方，兩手在身體右側一上一下做持弓弩狀。

據介紹，跪射的姿態古代稱之為坐姿。坐姿和立姿是弓弩射擊的兩種基本動作。坐姿射擊時重心穩，省力，便於瞄準，而且目標小，是防守或設伏時比較理想的一種射擊姿勢。秦兵馬俑坑至今已經出土清理各種陶俑一千多尊，除跪射俑外，皆有不同程度的損壞，需要人工修復。而這尊跪射俑是保存最完整和唯一一尊未經人工修復的兵馬俑，仔細觀察，就連衣紋、髮絲都還清晰可見。

第一輯　做事可高調，做人須低調

　　跪射俑何以能保存得如此完整？導遊說，這得益於它的低姿態。首先，跪射俑身高只有一點二公尺，而普通立姿兵馬俑的身高都在一點八至一點九七公尺之間。天塌下來有高個子頂著，兵馬俑坑都是地下坑道式土木結建構築，當棚頂塌陷、土木俱下時，高大的立姿俑首當其衝，而低姿的跪射俑受損害就小一些。其次，跪射俑做蹲跪姿，右膝、右足、左足三個支點呈等腰三角形支撐著上體，重心在下，增加了穩定性，與兩足站立的立姿俑相比，更不容易傾倒而破碎。因此，在經歷了兩千多年的歲月風霜後，它依然能完整地呈現在我們面前。

　　跪射俑的道理同樣可以用在為人處事上。涉世之初的年輕人往往個性張揚，率性而為，不會委曲求全，結果可能是處處碰壁。而涉世漸深後，就知道了輕重，分清了主次，學會了內斂，少出風頭，不爭閒氣，專心做事。就像跪射俑一樣，保持生命的低姿態，避開無謂的紛爭，避開意外的傷害，更好地保全自己，發展自己，成就自己。

　　元末的朱元璋在攻占了南京後，因為群雄並峙，為了避免因嶄露頭角而成為眾矢之的，他採用耆老朱升的建議，以「高築牆，廣積糧，緩稱王」的策略贏得了各個擊破的時間與力量，在眾人的眼皮底下暗度陳倉，最後壓倒群雄當上了大明皇帝。

　　職場上，特別是在同事面前，聰明的員工對自己的成就要輕描淡寫。你必須學會謙虛，不要太過張揚，免得讓同事對你產生愛表現、譁眾取寵的印象。做到這些，你才能永遠受歡迎。

荀攸隨曹二十年，精於應變人人讚

　　三國時期曹操的著名謀士荀攸（字公達）智慧超群，謀略過人，他輔佐曹操徵張繡、擒呂布、戰袁紹、定烏桓，為曹氏集團統一北方、建立

功業做出了重要的貢獻。他在朝二十餘年，能夠從容自如地處理政治漩渦中上下左右的複雜關係，在極其殘酷的人事傾軋中，始終地位穩定，立於不敗之地，其關鍵就在於他能甘於淡泊、保持緘默。

曹操有一段話精闢地道出了荀攸的這一特別的謀略：「公達外愚內智，外怯內勇，外弱內強，不伐善，無施勞，智可及，愚不可及，雖顏子、寧武不能過也。」可見荀攸平時十分注意周圍的環境，對內對外，對敵對己，迥然不同。

參與軍機，他智慧過人，連出妙策；迎戰敵軍，他奮勇當先，不屈不撓。但對曹操、對同僚卻不爭高下，表現得總是很謙卑、文弱、愚鈍、怯懦。

有一次，荀攸的姑表兄弟辛韜問及他當年為曹操謀取冀州的情況，他極力否認自己的謀略貢獻，說自己什麼也沒有做。他為曹操「前後凡畫奇策十二」，史家稱讚他是「張良、陳平第二」，但他本人對自己的卓著功勳卻是守口如瓶，諱莫如深，從不對他人說起。他與曹操相處二十年，關係融洽，深受寵信，沒有一處得罪過曹操，使曹操不悅，也不曾見人到曹操處以讒言加害於他。

建安十九年荀攸在征途中善終而死，曹操知道後痛哭流涕，說：「孤與荀公達周遊二十餘年，無毫毛可非者。」並讚譽他為謙虛的君子和完美的賢人。這都是荀攸避招風雨、精於應變的結果。

避招風雨的應變策略，初看起來好像比較消極。其實，這並不是委曲求全、窩窩囊囊做人，而是透過少惹是非、少生麻煩的方式更好地展現自己的才華，發揮自己的特長。同時，對於一些謀士來說，運用避招風雨的策略，不僅可以保命安身，還可以求得一個好的終結。

第一輯　做事可高調，做人須低調

「運籌帷幄，決勝千里」的千古良輔張良，在功成名就時，漢高祖讓其擇齊地三萬戶為封邑。那時，連年戰爭，人口銳減，糧食奇缺。齊地素以富饒著稱，對於立國不久、困難重重的漢朝來說，齊地的三萬戶是極為豐厚的食祿。然而，張良卻婉言謝絕了劉邦的厚賜，只選了個萬戶左右的留縣，受封為「留侯」。張良置榮利而淡之，行「避招風雨」術，其明哲保身的用心可謂良苦。

其實一個有內涵、有實力的人也不一定永遠站在最高峰。忘記曾經的成功、曾經的輝煌，正視現實，這樣的人即使退居幕後，人們給予他們的仍然是掌聲和鮮花。

放低姿態，你將獲得人心

> 每個人都應該站在自身所處的位置看待問題、處理問題。只有擺正自己的心態，你才會獲得你想要的。

女王變妻子，生活更幸福

古語云：低不夠高，高可就低。英國著名的維多利亞女王（Queen Victoria）與其丈夫相親相愛，感情和諧。維多利亞女王乃一國之王，成天忙於公務，出入社交場合，而她的丈夫阿爾伯特（Albert）卻和她相反，對政治不太關心，對社交活動也沒有多大的興趣，因此兩人有時也鬧些彆扭。

有一天，維多利亞女王去參加社交活動，而阿爾伯特並沒有去。直到夜深，女王才回到寢宮，只見房門緊閉著。女王走上前去敲門。

房內阿爾伯特問：「誰？」女王回答：「我是女王。」

門沒有開，女王再次敲門。房內阿爾伯特問：「誰呀？」女王回答：「維多利亞。」

門還是沒開。女王徘徊了半晌，又上前敲門。房內的阿爾伯特仍然問：「誰呀？」

女王溫柔地回答：「你的妻子。」

這時，門開了，丈夫阿爾伯特伸出熱情的雙手把女王拉了進去。

作為女王丈夫的阿爾伯特，一開始就知道敲門的人是自己的妻子，他的兩次發問其實是明知故問。為什麼維多利亞前兩次敲門都遭到了拒

第一輯　做事可高調，做人須低調

絕，叫不開門，而最後一次丈夫開了門並熱情有加呢？這是由於前兩次女王的心理狀態沒有隨著交際的環境、對象的變化而加以調整，她的語言和她當時所扮演的角色發生了嚴重的衝突而造成了失誤，而第三次則調整到恰到好處。

第一次女王上前敲門並回答「我是女王」，她這種自稱是在維護自己的尊嚴，表明交際雙方的關係是君臣關係，這樣的態度應該在宮殿上運用才適合。而現在是在寢宮之中，面對的是丈夫，所以她這樣回答顯得態度高傲，咄咄逼人，沒有滿足作為丈夫的阿爾伯特的自尊心理，因而沒有敲開門。

第二次敲門女王的回答是「維多利亞」，應該承認第二次回答比第一次回答語調有所變化，但是「維多利亞」這個自稱是中性的，似乎只是一個冷冰冰的代號，沒有顯現出作為妻子角色的感情色彩，因而效果也不好，喚不起丈夫的親切之感，故而也沒敲開門。

第三次敲門女王回答說「你的妻子」，體現了作為妻子的角色意識，傳達出妻子特有的溫柔和濃烈的感情色彩，表明她的心態適應了具體的場合和對象，把交際雙方的角色做了明顯的定位，極大地滿足了阿爾伯特的自尊心，於是先前的不愉快一掃而光，不僅敲開了房門，也敲開了阿爾伯特的心扉。

在生活的舞臺上，我們每個人都離不開特定的場合，時時刻刻都在扮演著某種特定的角色。因此每當與人交往時，不僅在傳遞訊息，而且還包含並規定了表達者與接受者雙方的角色關係，人們期待你說出的話符合角色規範。我們常常聽人說的，某某今天說話有失體統，往往是指他所說的話有悖於人們所期待的角色規範。這樣交際的效果當然不會好。

然而這種角色不是一成不變的，隨著場合的變化和交際對象的變

化，也有可能轉換。蘇聯社會心理學家安德烈耶娃（Andreyeva）說：「實際上每個個體所擔任的（角色）不只是一個，而是幾個社會角色，他可能是會計、父親、工會會員、混合足球隊隊員。有些角色在人出生時就已確定（例如：是女人或者男人），另一些角色是在生活過程中獲得的。」

同一對象在不同的環境裡往往表現為不同的角色，彼此的關係也就會跟著變化，這種變化往往透過說話表現出來，不然就會發生角色錯位。同樣是維多利亞，在宮殿上是女王，回到寢宮就是妻子，她的語言形式隨著角色的變化而變化，如果不做這種調整，就會造成交際對象的不解、不快和不認同。所以，人們的語言一定要符合不斷轉換的身分。「處身京畿地，感受皇家風」；「涉足異域土，甘當行路人」。

人這一生就是這樣：每一次角色的轉換都應該恰如其分和心甘情願，處高可自得其樂，自恰其心；處低可抬他人之尊，成他人之美，因而也可得他人之提攜、他人之善待和他人之感戴。

石油大王洛克斐勒的一美元小費

在一個既髒又亂的候車室裡，靠門的座位上坐著一個滿臉疲憊的老人，身上的塵土及鞋子上的汙泥表明他走了很多路。列車進站，開始剪票了，老人不緊不慢地站起來，準備往剪票口走。

忽然，候車室外走來一個胖太太，她提著一個很大的箱子，顯然也要趕這班列車，可箱子太重，累得她呼呼直喘。胖太太看到了那個老人，朝他大喊：「喂，老頭兒，你幫我提一下箱子，我一會兒給你小費。」那個老人想都沒想，拎過箱子就和胖太太朝剪票口走去。

他們剛剛剪票上車，火車就開動了。胖太太抹了一把汗，慶幸地說：「還真多虧你，不然我非誤車不可。」說著，她掏出一美元遞給那個

老人，老人微笑地接過。這時，列車長走了過來：「洛克斐勒先生，您好，歡迎你乘坐本次列車，請問我能為你做點什麼嗎？」

「謝謝，不用了，我只是剛剛歷經了為期三天的徒步旅行，現在要回紐約總部。」老人客氣地回答。

「什麼？洛克斐勒？」胖太太驚叫起來，「上帝，我竟讓著名的石油大王洛克斐勒先生幫我提箱子，居然還給了他一美元小費，我這是在幹什麼啊？」她忙向洛克斐勒道歉，並誠惶誠恐地請洛克斐勒把那一美元小費退給她。

「太太，您不必道歉，您根本沒有做錯什麼。」洛克斐勒微笑著說，「這一美元是我賺的，所以我收下了。」說著，洛克斐勒把那一美元鄭重地放在了口袋裡。

真正的大人物，是那種身居高位仍然懂得如何去做平常人的人；真正的大人物，從來都和平常人站在一起。

上司平易近人，員工效率過人

一個人想成就大事就要善於凝聚人心，讓與之相關的人心甘情願地幫助自己和追隨自己。而凝聚人心最有效的方法就是做到平易近人。

瑪格麗特‧杜魯門（Margaret Truman）在寫她父親杜魯門總統的傳記時，也曾多次提到她父親低調做人的感人故事：

「父親不願意用他辦公桌上的鈴聲來傳喚人，十有八九都是他親自到助手的辦公室去，偶爾傳喚別人的時候，他都會到他的橡樹廳門口去接……」

「父親在處理白宮日常事務時，總是這樣體貼別人，一點也不以尊者自居。他之所以能夠使周圍的人對他忠心耿耿，其真正的原因也在於此。」

人往往有一種反抗心理，越是強硬的命令，越是不願意服從。然而，同樣是下命令，如果用「拜託」這句話來置換彼此的身分，人的反抗心理便會減少，常常不會感覺出這是命令。

在禮讓中，語言是一種重要的手段，使工作中人際關係惡化的可以說是那些「職務言語」。這是什麼樣的言語呢？

比如上司把下屬叫到桌旁：「喂！聽說你不聽經理的命令。」怎麼聽也是上司的口吻。又如，「這是經理的命令」、「你有什麼了不起的，你不過是個普通職員」等等。不用說就知道，這種「職務言語」很容易招致職員們的反抗心理。

反之，如果不用這種「職務言語」，則會使公司內人際關係趨於融洽，工作進展也會順利很多。

比如，經理交給下屬某項工作時，他走到下屬的桌旁說：「有一件事想拜託你……」經理本來應該用命令的語氣，卻對下屬稱「拜託」，透過措辭使得立場（身分）逆轉過來。如此一來，下屬便產生了精力，去忙於被委託的工作。這種辦法很有效。

言語，原本就帶有社會功能。公司中居下屬地位的人，常常對上司有某種壞印象，但上司如果冠以「先生」來稱呼下屬，彼此之間的情勢便會扭轉過來，使下屬有優越感，轉而會尊敬和信賴上司。這樣一來，即使直接釋出可能招來抵抗的命令，也可以使下屬因感受到人情味而去積極執行。

第一輯　做事可高調，做人須低調

總之，在工作場所，為了有效地調動下屬，讓他們幫你成就大事，你要盡量將領導工作中指揮、命令行為的格調降低。在下屬面前不要總是板著老闆的面孔，要經常聽取他們的建議。這也是領導者低調做人和平易近人的表現。

丹諾先生的誠懇心態

常言道，智者千慮，必有一失。智者尚且如此，何況我們。錯誤本身並不可怕，可怕的是不肯低頭認錯。

有些人認為認錯是向別人低頭，有失自尊。其實正相反，勇於承認錯誤，反而會使人更加尊敬你、信任你。如果一味硬撐，拒絕認錯，最後一定會後悔不迭。

紐約《太陽時報》(*New York Sun*)主筆丹諾先生在讀稿時，喜歡把自己認為重要的段落用紅筆勾出，以提醒排校人員「切勿將它遺漏」。

但是有一天，一位年輕校對員偶然讀到一段文字，也是被丹諾先生用紅筆勾出的，上面大致是說：「本報讀者雷維特先生送給我們一個很大的蘋果，在那通紅美麗的皮上露出一排白色的字，仔細一看，原來是我們主筆的名字。這真是一個人工栽培的奇蹟！試想，一個完整無缺的蘋果皮上，怎麼會露出這樣整齊光澤的字跡來呢？我們在驚奇之餘，多方猜測，始終不明白這些字跡是怎樣出現在蘋果上的。」

那個年輕的校對員是一個常識豐富的人，他讀了這段文字不禁笑起來。因為他知道只要趁蘋果還呈青色時，將紙剪成字形貼在上面，等蘋果發紅時，將紙揭去，字就能夠留在蘋果上面。

這位年輕的校對員心想，這段文字如果登出來，必將被人譏笑，說

他們的主筆竟會愚笨至此，連這樣一點小「魔術」也會「多方猜測，始終不明……」因此，他便大膽地將這段文字刪掉了。

第二天一早，主筆丹諾先生看了報紙，立刻氣呼呼地走來，向他問道：「昨天原稿中有一篇我用紅筆勾出的關於『奇異蘋果』的文章，為何不見登出？」

那位校對員誠懇、惶恐地把他的理由說明後，丹諾先生立刻十分誠懇和藹地說：「原來如此！你做得十分正確，以後只要有確切可靠的理由，即使我已用紅筆勾出，你仍不妨自行取捨。」

在這件事上，丹諾先生的做法充分顯示了他並不是一味堅持的人。一味堅持自己的錯誤，不敢承認，只意味著不敢對自己的行為負責，一個不負責的人不會贏得他人的信賴。

但是，有些人犯了錯，不是馬上去道歉，想辦法補救，而是找一大堆藉口為自己辯解和開脫。難道找藉口辯護，就能把錯誤掩蓋，把責任推個乾乾淨淨嗎？恰恰相反，為自己辯護、開脫不但不能改善現狀，所產生的負面影響還會讓情況更加糟糕。就算別人原諒你這次，他心中也一定會感到不快，對你產生「怕負責任」的印象。有句俗話講得好：「或許你會因此而贏得某場戰役，可是最後你可能輸掉整場戰爭。」

所以，一個人做錯了事，最好的辦法就是老老實實認錯，想方設法進行補救，而不是為自己辯護和開脫。日本著名首相伊藤博文的人生座右銘就是「永不向人講『因為』」。這是一種做人的美德，也是一個為人處事、辦事做事的最高深的學問。

能坦誠地面對自己的弱點，並拿出足夠的勇氣去承認它，面對它，不僅能彌補錯誤所帶來的不良結果，而且別人也會很痛快地原諒你的錯誤，欣賞你的坦誠和勇於承擔責任。

第一輯　做事可高調，做人須低調

「以退為進」不是「真退」，而是「轉進」

> 人們普遍有一種同情弱者的心理。當你想完成一件事情時，可以採用「以退為進」的方法。適當示弱，提升別人的重要性，你將會從別人那裡達到自己的目的。

示弱，真正強者玩的遊戲

人們似乎都有這樣的心理：同情弱者。因此，當你以弱者的形象出現在人們面前時，你不但不會引起人們的戒心，反而會贏得人們的同情。因此，甘當弱者，你與成功的距離就近了。

示弱能換來更多人的支持，逞強只能增加更多的敵人。示弱是比逞強更實用的做人方法，它可以減少乃至消除不滿或嫉妒。事業成功者，生活中的幸運兒，被人嫉妒是難免的，在一時還無法消除這種社會心理之前，用適當的示弱方式可以將其消極作用減少到最低程度。

示弱可以是和別人接觸時推心置腹的交談，幽默的自嘲，也可以是在大庭廣眾之下，有意以己之短，補人之長。

交際中，必須善於選擇示弱的內容。地位高的人在地位低的人面前不妨展示自己的學歷，表明自己實在是個平凡的人；成功者在別人面前多說自己失敗的事情、現實的煩惱，給予人「成功不易」、「成功者並非萬事大吉」的感覺；對眼下經濟狀況不如自己的人，可以適當訴說自己的苦衷，諸如健康欠佳、子女學業不妙以及工作中存在諸多困難，讓對方感到「他家也有一本難唸的經」；某些專業上有一技之長的人，最好宣

「以退為進」不是「真退」，而是「轉進」

布自己對其他領域一竅不通，袒露自己日常生活中如何鬧過笑話、受過窘等；至於那些完全因客觀條件或偶然機遇僥倖獲得名利的人，更應該直言不諱地承認自己是「瞎貓碰上死老鼠」。

示弱有時還要表現在行動上。如果自己在事業上已處於有利地位，獲得了一定的成功，那麼在小的方面，即使完全有條件和別人競爭，也要盡量迴避退讓。也就是說，平時小名小利應淡薄些，疏遠些，因為你的成功已經成了某些人嫉妒的目標，不可以再因一點微名小利而引火燒身，應當分出一部分名利給那些暫時處於弱勢中的人。

在具有博弈性質的交往中最好不要在被逼無奈的時候才服輸稱臣，而應在遭遇惡戰或付出沉重代價前就主動退避三舍，爾後再另外尋找獲勝機會，這才是最明智的選擇。

曾有一位記者去拜訪一位政治家，目的是獲得有關他的一些醜聞資料。然而，還來不及寒暄，這位政治家就制止想質問的記者：「時間還長得很，我們可以慢慢談。」記者對政治家這種從容不迫的態度大感意外。

不多時，僕人將咖啡端上桌來，這位政治家端起咖啡喝了一口，立即大嚷道：「哦！好燙！」咖啡杯隨之滾落在地。等僕人收拾好後，政治家又把菸倒著插入嘴中，從過濾嘴處點火。這時記者趕忙提醒：「先生，你將菸拿倒了。」政治家聽到這話之後，慌忙將菸拿正，不料卻將菸灰缸碰翻在地。

平時趾高氣揚的政治家出了一連串洋相，這使記者大感意外，不知不覺中，原來的那種挑戰情緒消失了，甚至對對方懷有一種親近感。

這整個過程，其實是政治家一手安排的。當人們發現傑出的權威人物也有許多弱點時，過去對他抱有的敬畏感就會消失，而且受同情心的

第一輯　做事可高調，做人須低調

驅使，還會對他產生某種程度的親密感。

為人處事中，要使別人對你放鬆警惕，產生親近之感，只需很巧妙地、不露痕跡地在他面前暴露某些無關痛癢的缺點，出點小洋相，表明自己並不是一個高高在上、十全十美的人物。這樣會使別人在與你交往時鬆一口氣，不與你為敵。

推銷巧應變，獲益三十萬

「你希望別人怎樣對待你，你就該怎樣去對待別人。」這是人際交往上的白金法則。哲學家們對於人類關係的定律，思考了數千年，只引證出這條定律。這條定律不是新的，它跟歷史一樣古老！這是人際交往上的白金法則。由此可直接推出一條人際交往定律：要想別人認為你重要，你就要永遠使別人感覺他們自己重要。這是一條絕對重要的行為定律。遵守這條定律，會為我們帶來無數的朋友和永久的快樂。如果違反了這條定律，我們就會遭遇到無數的麻煩和困難。

西屋公司業務亞力森，費了很大的勁才把兩臺發動機賣給一家大工廠的工程師史密斯先生。亞力森決心要賣給他幾百臺發動機，因此幾天後又去找他。沒想到史密斯先生說：「亞力森，你們公司的發動機太不理想了。雖然我需要幾百臺，但我不打算要你們的。」

亞力森大吃一驚，問：「為什麼？」

「你們的發動機太熱了，熱得我的手都不能放上去。」

亞力森知道，跟他爭辯不會有好處，急忙採用另一種策略。他說：「史密斯先生，我想你說的是對的，發動機太熱了，誰都不願意再買。哦，你要的發動機的熱度，不應該超過有關標準，是嗎？」

「以退為進」不是「真退」，而是「轉進」

「是的。」

「電器製造關於這方面的規定是：設計適當的發動機可以比室內溫度高出華氏七十二度，是嗎？」

「是的。」

「那你的廠房有多熱呢？」

「大約華氏七十五度。」

「這麼說來，七十二度加上七十五度一共是一百四十七度。把手放在華氏 一百四十七度的熱水塞門下面，想必一定很燙手，是嗎？」

「是的。」

這時，亞力森提議說：「那麼，不把手放在發動機上行嗎？」

「嗯，我想你說得不錯。」史密斯先生讚賞地笑起來。他馬上把祕書叫來，與亞力森簽了一張價值三十萬美元的訂單。

注意，亞力森不是與史密斯先生爭辯誰對誰錯，而是轉而提出史密斯先生也同意的問題。在一連得到了三個「是的」之後，他才將對方引向實質問題。奧佛斯屈教授在他的《影響人類的行為》一書中說：「當一個人說 『不』時，他所有的人格尊嚴都已經行動起來，要求把『不』堅持到底。事後他也許會覺得這個『不』說錯了，但是考慮到寶貴的自尊心他必須堅持說下去。」因此，如果要使你的意見被對方同意，你必須牢牢地記住：要以雙方同意的事作為開始，使對方立即說「是」，千萬不要以討論不同的意見作為開始。使對方採取肯定的態度是一件非常重要的事。

在與人交往過程中，幾乎沒有多少人喜歡按他人意願或遵照命令行事。任何人強迫我們，我們都不會高興地接受。

因此，如果你想贏得他人的合作，就要徵詢他人的意見、需求及想

第一輯　做事可高調，做人須低調

法，讓他人覺得與你合作是出於自願。每個人都重視自己，喜歡談論自己，因此，即便你不同意他人的意見，也不要打斷他人的談話，當他人有許多話急著說出來的時候，你只要耐心地聽著就行。

要尊重對方，永遠使對方感覺自己重要！要知道，使自己變成重要人物，是每個人的欲望。尊重對方，包括對其人格的尊重，還包括對其智慧和才能的認同，對其意願與判斷力的尊重。

有時候，即便對方發表的見解或提出的要求並不切合實際，你也不要當面指出或拒絕他的要求。每個人看事物的角度不同，思維判斷也有所不同，因此他人的看法與你的看法不同是常有的事，我們沒必要為一些無謂的事情傷害彼此的關係，當對方是你的上司或是有身分地位的人時尤其如此。當然，這並不是要求你不顧自己的原則，有些時候，只要多用些心思，就會尋找到令雙方都滿意的解決辦法。

即便是在平常的生活和工作中，我們也要尊重身邊的每一個人。日常生活中的一些禮節，一些客氣的話語，彰顯的就是對別人的尊敬和重視。「謝謝您」、「請問」、「麻煩您」諸如此類的話語，可以潤滑每日生活的單調齒輪。

蘇格拉底的幽默自嘲

自己打趣自己，自己批評自己，或是自己貶低自己，是培養領袖風範、爭取追隨者最有效的辦法。透過這種方式，不僅能獲得別人的注意和好感，還可以解除仇敵的怨恨。

在平日裡，當陷入進退兩難的尷尬境地時，你也可以藉助自我解嘲式的幽默體面地擺脫困窘。

「以退為進」不是「真退」，而是「轉進」

古希臘大哲學家蘇格拉底，娶了一個心胸狹隘、性情潑辣的悍婦為妻，她成天嘮叨不休，動輒破口大罵。有人問蘇格拉底：「你是世上享有盛名的大哲學家，怎麼找這樣的女人？」蘇格拉底說：「諸位有所不知，擅長騎術的人，總要挑選烈馬騎，我若能忍受我妻子的話，恐怕天下就沒有我不能相處的人了。」

一次，蘇格拉底正在和學生討論問題，他老婆不知又為了什麼事跑來，當著學生的面，毫無道理地把蘇格拉底罵了一頓，罵得興起還隨手拿起一盆水，潑了他一個落湯雞。當時，學生們都愣了，大家都瞪眼看著老師，想他會有什麼激烈的反應。這著實使蘇格拉底在學生面前很難堪、很尷尬。可是，蘇格拉底一動不動，很平靜地說：「雷鳴電閃之後，必然是傾盆大雨呀！」引得大家哈哈大笑。

一句形象的自我解嘲式幽默，成了很好的困窘「調解劑」。它將原本令人很不愉快的事情轉化為在場眾人會心的一笑，使得緊張氣氛即刻雲開霧散，而說話者本人，也在大家輕鬆的笑聲中擺脫了困窘。

當你的失誤引發別人的對立情緒時，如果能適時地自嘲一番，獲得原諒應該不難。這就像兩個正在打架的人，如果其中一個突然倒地自認不是對手，只要對方不是無賴惡棍，一般便會又好氣又好笑地敵意頓消，說不定還會扶持「自敗者」一把。

有時候，當你想說笑話、講小故事，或者轉述一句妙語、一則趣談時，最安全的做法往往就是調侃你自己。如果你笑的是自己，誰會不高興？凡能操縱最高級的語言藝術——幽默——的人已經是「智力過剩者」，那麼能把最高境界的幽默——自嘲——作為武器的人，便堪稱人情操縱場上的「無冕之王」，怎能不令人肅然起敬？

第一輯　做事可高調，做人須低調

　　有時你陷入難堪是由自身原因造成的，如外貌的缺陷、自身的缺點、言行的失誤等等，自信的人能較好地維護自尊，自卑的人往往陷入難堪。對影響自身形象的種種不足之處大膽而巧妙地加以自嘲，能出人意料地展示你的自信，在迅速擺脫窘境的同時展示你瀟灑不羈的交際魅力。如，你「海拔不高」，不妨說自己是體積小面積大，「濃縮的都是高科技」；如，醜陋的你找了一個美麗的她，不妨說「我很醜但我很溫柔」；即便你如劉墉一樣背上扣著個小羅鍋，也不妨說你是背彎人不駝。美國的赫伯·特魯在《幽默的人生》一書中把自我解嘲列入最高層次的幽默。如果你能結合具體的交際場合和語言環境，把自己的難堪巧妙地融進話題並引出富有教育啟迪意義的道理，更是妙不可言。

第二輯

姿態端正，才能贏得尊重

物忌全盛，事忌全美，人忌全名。
是故天地有欠缺之體，聖賢無快足之心。
而況瑣屑群氓，不安淺薄之分而欲滿其難厭之欲，豈不妄哉！是以君子見益而思損，持滿而思溢，不敢恣無涯之望。

——《呻吟語》

第二輯　姿態端正，才能贏得尊重

「驕」字不倒，前進不了

> 任何事物都有自身發展的極限，物極必反，只有保持謙遜的態度才能贏得人們的認可與尊敬。

長盛不衰的法寶

孔子帶著學生到魯桓公的祠廟裡參拜，看到一個可用來裝水的器皿，傾斜著放在祠廟裡。守廟的人告訴他：「這是欹器，是放在座位右邊用來警戒自己的，如『座右銘』一般的器皿。」

孔子說：「我聽說這種器皿在沒有裝水或裝水少時就會歪倒；水裝得適中，不多不少的時候就會是垂直正立的；裡面的水裝得過多或裝滿了，它也會翻倒。」

說著，孔子回過頭來對他的學生們說：「你們往裡面倒水試試看吧！」學生們聽後舀來了水，一個個慢慢地向欹器裡灌水。果然，當水裝得適中的時候，這個器皿就端端正正地立在那裡。不一會兒，水灌滿了，它就翻倒了，裡面的水流了出來。再過一會兒，器皿裡的水流盡了，就又像原來一樣歪斜在那裡了。

人生多變化，好花不常開，好景不常在。天下的勢運太過盈滿則虧，已經盈滿的，就應當有所減少。因為難以預料的災難，一朝一夕的怨恨，並不是當下累積起來的，而是形成於勢運太過盈滿。勢運盈滿的人，必須自我減損。手捧盛滿水的器皿的人，與其慢慢地行走不如少盛一些水。

世界上的一切事情都遵循這樣一條規律：事物只要尚未達到至善的境界，就會一直不斷地得到補益；而一旦達到至善的境地，就會趨於衰落。哲學上有「矛盾會向自己的對立面轉化」之說，也就是我們常說的物極必反。任何事物都有自己的發展極限，一旦超過這一限度，就會向對立面轉化。人們常說，真理再向前跨出一小步就是謬誤，一點不假，這是經過實踐論證而得到的結論。

一個人晚年時體弱多病，那是年輕時不注意保養身體所招致的結果；一個人事業失意後還被罪孽纏身，那是得志時埋下的禍根。所以，君子在事業顯達和生活圓滿時尤應小心謹慎。

當一種事物進入鼎盛，就很快會走向衰敗。當一個人的事業達於一半時，一切皆是生機向上的狀態，那時可以品味成功的喜悅；事業達於顛峰時，反而要時時謹慎，處處小心，否則就要陷入花開則謝的危機。如果你已經是一個志得意滿的成功者，那麼就要以「如臨深淵，如履薄冰」的態度來待人接物，只有如此才能持盈保泰，永享幸福。

驕傲自滿使人走向失敗

美國汽車大王福特（Henry Ford）曾說：「一個人如果自以為已經有了許多成就而止步不前，那麼他的失敗就在眼前了。許多人一開始奮鬥得十分起勁，但前途稍露光明便自鳴得意起來，於是失敗接踵而來。」

石油大王洛克斐勒也說：「當我的石油事業蒸蒸日上時，每晚睡覺前我總是拍拍自己的額頭說，『別讓自滿的意念攪亂了自己的腦袋』。我覺得我的一生受這種自我教育的益處很多，因為經過這樣的自省後，我那沾沾自喜、自鳴得意的情緒便可平靜下來了。」

第二輯　姿態端正，才能贏得尊重

　　得意忘形，說的就是這種情況。當人們得意驕傲時，更容易招致失敗，因為勝利帶來的驕傲容易使人固執，聽不進他人意見；飛揚跋扈，得罪別人；粗心大意，忽略細節。人生處在順境和成功之時最容易得意忘形，終致滋生敗象。

　　得意忘形的人很多。得意而忘形，這是許多沒有遠見者的共性，他們本來就沒有大志向也沒有大目標，只是在一種虛榮心的驅使下向前奔跑，目的只是想博得眾人的喝采，等眾人的掌聲一響便認為達到了人生目的，便想躺在掌聲中生活了，自然也就忘形了，認為自己可以不再奔跑，可以昂頭挺胸地在人群中炫耀了。

　　楚國的子文，三次出任令尹，卻毫無喜色，三次被罷免，也毫無慍色，乃寬大長者之度量；西漢的竇嬰，被封為魏其侯而沾沾自喜，終沒被重用；晉朝的謝安在淝水之戰捷報傳來時，正與客人下棋，不動聲色，客人走後，他高興過甚，連木屐上的齒都折斷了，當時人們說他確實有公輔的氣量。

　　由此可見，人的度量有深有淺，志氣有大有小，子文、謝安的欣喜與竇嬰的沾沾自喜是不可同日而語的。前者含蓄、寬容、恢宏廣大，而後者見識短淺，氣量狹隘，容易滿足。

　　忘形應該說是一種誤解，一種把暫時的得意看成永久得意的誤解，只要我們明白，這個世上沒有永恆的事物，一切都是暫時的、相對的、發展的，那就不會忘形了，那麼人人都會生活得更美好。

　　假使你常常為接受別人的稱讚等芝麻小事而得意忘形，把它們當作了不得的事情，那你便是在欺騙自己。從此你將走上失敗之路，因為你早已沒有自知之明。盲人騎著瞎馬亂闖，怎麼會有成功的希望呢？

主動出擊步入政壇

埃及阿克圖國王曾給予他兒子一個精明的忠告:「謙虛一點,它可以使你有求必得。」這一忠告對於今天的我們仍極為重要。

在這個務實的世界裡,良好的品性並不一定能帶給自己相應的回報,如果我們具有高貴的品性和才幹而不為人所知,也實在是件令人遺憾的事,也因為此,人們更願意用自己的功績來說話。但一個人如果讓自己的功績保持沉默,而代之以謙遜的美德來表現自己的真實,也許能收到奇效。

我們先來看看美國第三十任總統柯立芝的兩則著名軼事。第一則是關於柯立芝舉世聞名的謙遜品格,第二則卻是恰好和他那謙遜的美德相矛盾的性格。

第一則軼事說的是在愛莫斯特大學的最後一年,美國歷史學會曾授予柯立芝一枚金質獎章。在當時,這是一個被無數人看重的榮譽,可是他卻沒有對任何人說起過這件事,連自己的父親也不例外。直到他畢業開始工作之後,他的上司諾坦普頓的法官菲爾德才無意中在雜誌上看到了對這一事情的報導。從佛蒙特州的村莊到白宮,柯立芝在他一生的事業中都以謙遜而聞名於世。

第二則軼事說的是柯立芝的另一面。當他競選麻省議員連任時,在選舉即將進行的前夜,他無意中聽到了麻省議會議長的職位正虛位以待的消息。於是,柯立芝拎著他那「又小又黑的手提袋」,大踏步趕到諾坦普頓的車站。兩天以後,當他從波士頓回來時,手提袋裡已經裝上了大多數議員親筆簽名推舉他為議長的聯名信。就這樣,柯立芝順利出任麻省議會議長,從而邁出了自己走向政壇的第一步。

第二輯　姿態端正，才能贏得尊重

　　這位以謙遜著稱的人，在人生關鍵時刻以迅雷不及掩耳之勢主動出擊，當仁不讓地拿走了他應得的東西。在這兩則軼事中，我們看到了柯立芝最重要的成功資本：一是謙遜，二是主動為自己抓住升遷時機的才幹。實際上，柯立芝正是靠著這樣的資本跨過許多關鍵「門檻」的。

　　謙遜不僅是成功的要素，而且與人們內心的平靜緊密相連。內心的平靜是做人的一種高度「心機」。我們越不在眾人面前顯示自己，就越容易獲得內心的平靜，引起別人的認同，得到別人的支持。

　　民間有句非常貼切的諺語：「低頭是稻穗，昂頭是稗子。」越成熟飽滿的稻穗，頭垂得越低。只有那些穗子裡空空如也的稗子，才會迎風招搖，始終把頭抬得老高。

　　想要抬頭，必須懂得先低頭。如果不懂得低頭，就會撞得頭破血流，甚至為此而失去性命。

　　只有那些膚淺而又短見的人，才喜歡在大家面前粉飾、吹噓自己。他們總是陶醉在自我營造的一種淺薄和自命不凡的感覺中，所作所為都受這種感覺支配。因此，他們才會不厭其煩地提醒別人自己做了多少事情，告訴別人自己的知識多麼淵博，生怕別人把自己忽視了。

　　然而，大多數人都不喜歡那些隨時隨地都把自己變成焦點的人，有時，他們甚至恨不得當場把這些愛慕虛榮的傢伙的華麗外衣撕開，讓其露出醜陋的真面目。因此，這種虛榮不僅不會帶給我們任何好處，反而可能招致滅頂之災。

　　偉大的人物往往能從這種淺薄的虛榮中解脫出來。他們懂得只有保持謙遜的態度才能贏得人們的尊敬，總是能在很多事情的處理上恰到好處地表現自己的謙遜。事實證明，這是博取美譽的最好辦法。

驕傲是跌跤的前奏

> 卽便你的運氣非常好，也不要得意忘形，因爲誰也不知道下一刻，你是否依然那麼幸運。我們應該做到積穀防饑，居安思危。

格蘭特將軍的自謙

有時候我們顯得很強大，是因為借用了別人的勢力，或者我們的運氣比別人好一點，如果因此失去自知之明，認為成功是因為自己超凡的能力，就會像狐假虎威中的狐狸一樣愚蠢。

西漢董賢，英俊瀟灑，與哀帝晝夜同寢，恩愛無比。哀帝曾為不驚動他睡覺而割斷被壓的衣袖，董賢受賜的珍寶財產無數，哀帝還想像堯一樣將帝位禪讓給他，但哀帝一倒臺，董賢便家破身亡。

唐代楊國忠、楊貴妃兄妹，承受恩澤，勢傾天下，極其富貴，極度驕橫奢侈。結果後來安祿山在漁陽起兵叛亂，楊國忠、楊貴妃被殺，楊門敗落。

實際上，只要我們仔細思考，就會發現我們的成功中夾雜著不少運氣的成分。聰明的人都知道這一點。

美國南北戰爭期間，北軍格蘭特（Ulysses S. Grant）將軍和南軍李將軍（Robert Edward Lee）率部交鋒，經過一番空前激烈的血戰後，南軍一敗塗地，潰不成軍，李將軍還被送到愛浦麥特城受審，簽訂降約。

格蘭特將軍立了大功後，沒有驕奢放肆、目中無人。他很謙恭地

第二輯　姿態端正，才能贏得尊重

說：「李將軍是一位值得我們敬佩的人物。他雖然戰敗被擒，但態度依舊鎮定異常。像我這種矮個子，和他那六尺高的身材比較起來，真有些相形見絀。他仍是穿著全新的整齊的軍裝，腰間佩著政府獎賜給他的名貴寶劍。而我卻只穿了一套普通士兵穿的服裝，只是衣服上比士兵多了一條代表中將官銜的條紋罷了。」

格蘭特將軍的自謙值得讚美，相比而言，李將軍乃敗將，居然也昂首挺胸、衣冠整齊，似乎有些驕傲呢？其實不然，李將軍雖然戰敗，但仍能坦然忍受恥辱，這正是他勇敢堅毅的地方。他這樣做是表示他把失敗當作一種經驗，而非一種恥辱，如果再給他一次機會的話，他仍能挺身奮戰、爭取光榮。所以說，他也不失為一位偉大的軍人。

格蘭特將軍不但讚美了李將軍的態度，也沒有輕視他的戰績。他認為自己的成功和李將軍的失敗都是偶然因素造成的。他說：「這次勝負是由極湊巧的環境決定的，當時敵方軍隊在維吉尼亞，幾乎天天遇到陰雨天氣，害得他們不得不陷在泥潭中作戰。相反，我們的軍隊所到之處，幾乎每天都是好天氣，行軍異常方便，而且有許多地方往往是在我軍離開一兩天後便下起雨來，這不是幸運又是什麼呢？」

這一番謙虛的話聽在別人耳朵裡，給人的印象遠比無數次自吹自擂好得多。唯有對自己的成就產生疑問的人，才愛在他人面前吹牛，以掩飾那些令人懷疑的地方。一個真正有「心計」的人，是不必自我吹噓炫耀的，因為你的成績、你的成功，別人會比你看得更清楚，而且會記在心上。

格蘭特將軍把一場決定最後命運的大勝利歸功於天氣和運氣，這正表示他有充分的自知之明，始終沒有讓理智被名利的欲念埋沒。

驕傲是跌跤的前奏

有些人因為順境連連而甚感欣慰，愉悅之情不時溢於言表。然而，不能光是高興，應該想想怎樣才能維持好運，永保成功。因此，即使你的運氣極好，即使你已事業有成，集榮華富貴於一身，也莫要得意忘形，而要更加潛心修練，保持與社會、與事業、與生活的和諧，以求得健康發展。

海販商人的興與衰

走運時要做好倒楣的準備。進退有度，才不至進退維谷；寵辱皆忘，方可以寵辱不驚。春風得意、意氣風發、躊躇滿志，如此種種的形容詞恐怕是很容易讓人羨慕且心動的！的確，順風順水、功成名就之時，人的精神自然高昂，走路時脊背也挺得格外直，眼睛也會格外有精神，緊盯那越來越近的果實，腳步不由自主地加快再加快。就像著名作家馬克‧吐溫（Mark Twain）說的那樣：「出名要趁早啊！要不然快樂來得也沒有那麼痛快。」

在這種心情下，一些「小事」就「理所當然」地被忽略了。然而，這些當初被忽略的小事，很可能在後來的關鍵時刻給人意想不到的打擊，甚至會讓你前功盡棄。

從前，有一個從事航海販運的商人偶然發了大財。好像命運女神對他格外垂青，他曾屢屢戰勝風險，各種惡劣天氣和地形都不曾造成他貨物損失，但是他的所有同行卻沒有那麼幸運。因為少了競爭對手，他很順利地賣完了所販運的砂糖、瓷器、菸草等貨物。他的運氣使他的商業信譽進一步提高，經銷商也因此對他更加信賴，人們奢侈的享受和購買欲望更使他財源廣進。他的財富像雨點般落下，不久，他已經是腰纏萬貫的大富翁了。

第二輯　姿態端正，才能贏得尊重

　　在他周圍，人們談論的都是他那值錢的威尼斯金幣。他開始大肆揮霍，重金宴請賓朋，即使在齋戒的日子他家也有婚禮般的排場。一個朋友目睹了他的奢華之後，羨慕地說：「您的家常便飯也有這樣的氣派，真是不可思議！」

　　「這還不是靠我自己的努力奮鬥和聰明才智換來的！」

　　這位商人認為賺錢是件很容易的事，因此，他把賺得的錢拿出來又租了兩條船去做生意。可是這一次卻沒那麼順利，其中一條船設備很差，經不起一點風浪，結果在海裡翻沉；另外一條船雖然平安到港，但由於經濟蕭條，沒有了往日那種奢華的風氣和買貨狂潮，貨物積壓時間過長變了質，最後沒有賣出去。另外，經銷商的欺騙和商人花天酒地、揮金如土的生活方式，使他很快就成了一個窮光蛋。他的一個朋友看到他一文不名的境況，問他：「你這是怎麼了？」

　　「唉，別提了，全怪這次運氣不好。」

　　「你不用放在心上。」朋友安慰他說，「雖然命運不願意看到你幸福，但至少教你懂得謹慎小心。」商人聽後無言以對。

　　所以，你今天的成功不代表你一生都能擁有名利，你一時的幸運也不代表你一世都能得到機會的垂青。所以奉勸每一位成功的人士，要積穀防饑，居安思危。

懂得自己無知，說明已有收穫

> 擺正自己的位置，放低自己的姿態，真正地了解自己，才能夠獲得成功。

決定辭職卻晉升

無論你有怎樣出眾的才智，也一定要謹記：不要把自己看得太了不起，不要把自己看得太重要，不要把自己看成是救國濟民的聖人君子，要收斂起自己的鋒芒，夾起自己的尾巴，掩飾起自己的才華。

有一個農民，為人處事踏實，他曾說了一段影響了很多人的話：「我們很多人和別人交往，總覺得自己吃虧了，但實際上，在旁人看來，你們彼此得失相當，你既沒吃虧也沒占便宜；如果你覺得自己不虧也不賺，那麼在旁人看來，你一定占便宜了；如果你覺得自己占便宜了，而對方沒有跳起來，要麼是對方很偉大，要麼是你很偉大！」

在這位智慧的農民悟出這個看似簡單的道理之後，聯想創始人柳傳志提出了他的「鴕鳥理論」：一個人在評價自己的能力和貢獻的時候總覺得自己比別人高一等。當兩個人都是一隻火雞的時候，他覺得自己比別人大；當他是一隻火雞，而別人是隻小雞的時候，他又覺得自己是隻鴕鳥，比別人大好多；而有一天當他真的看到鴕鳥時，他會說，噢，他比我大一點！

反過來，當兩個人都是一隻火雞的時候，人家肯定覺得你比他小；當你是只火雞，人家是隻小雞，你覺得自己大得不行了的時候，小雞會

第二輯　姿態端正，才能贏得尊重

覺得你倆一樣大；只有當你是隻鴕鳥的時候，小雞才會承認你大。

所以，一定要時時刻刻提醒自己要有自知之明，千萬不要把自己的力量看得過高，一定要站在別人的角度去想。如果你想別人看重你，你就要有比別人明顯許多的優勢才行。當我們還不是鴕鳥的時候，說話口氣不要太大。而當大家都是鴕鳥的時候，無論創業還是做事，都要用平常心來面對各種事情。

「鴕鳥理論」在我們的生活和工作中也很常見。

有一天晚上朋友聚餐時，酒過三巡，甲憤憤地對他的朋友說：「老闆一點也不把我放在眼裡，改天我要把辭職信拍到他桌上，然後掉頭走人！」

「那家外貿公司的工作流程你都弄清楚了嗎？對於他們做貿易的竅門完全搞通了嗎？」席間的一位朋友反問他。

「沒有！」他垂頭喪氣地回答道。「君子報仇十年不晚。我建議你先在這家外貿公司把一切有關貿易的談判技巧、商業文書和工作流程完全搞通，然後辭職不做。」朋友建議說，「你把這家公司作為自己免費學習的地方，等外貿方面的知識都學到之後，再一走了之。這不是既出了氣，又有許多收穫嗎？」

甲聽從了朋友的建議。從此，他在公司裡默記偷學，認真專心地做好每一項工作，有時甚至下班之後，還留在辦公室研究寫商業文書的方法。

一年過去了，那位朋友偶然在街上遇到他時問：「你大概多半都學會了吧，是不是準備拍桌子不做了？」

甲卻撓撓頭說：「可是我發現近半年來，老闆對我刮目相看，最近還

懂得自己無知，說明已有收穫

總是委以重任，又升遷又加薪，我已經成為公司的紅人了。」

「這是我早就料到的！」朋友哈哈大笑著說，「當初你的老闆不重視你，是因為你的能力不足卻不努力學習。而後你痛下苦功，進步神速，當然會令他對你刮目相看呀。」

這也是「鴕鳥理論」所要告訴我們的，在實力相當的情況下，每個人都認為自己比對方強；在對方比自己稍微強一些的時候，每個人都覺得其實我們是一樣的；而當對方比自己強好多倍的時候，我們才會承認對方的確比自己強。所以你要想別人承認你比較厲害，你就必須鍛鍊自己，培養自己，讓自己足夠強大。

「虛胖」的自信阻礙你的發展

年輕人最易犯的毛病就是心高氣盛，恃才傲物，總以為自己是鴻鵠，別人都是燕雀，眼光總是高高向上，根本不把周圍的一切放在眼裡。

有不少剛剛畢業的大學生，自以為讀了不少書，長了不少見識，就有點飄飄然，做了一點事就以為索取是重要的，對自己已經得到的也越來越不滿意，幾年過去了，自己越想得到的卻越得不到，於是不知足的心理就產生了。

有一位年輕人就是這樣。生活的不滿和內心的不平衡一直折磨著他，直到一年夏天他與同學尼爾尼斯乘他們家的漁船出海，才讓他一下子懂得了許多。

尼爾尼斯的父親是一個老漁民，在海上打魚為生幾十年，年輕人看著他那從容不迫的樣子，心裡十分敬佩。

年輕人問他：「每天你要打多少魚？」

第二輯　姿態端正，才能贏得尊重

他說：「孩子，打多少魚並不是最重要的，只要不是空手回來就可以了。尼爾尼斯上學的時候，為了繳清學費，不能不想著多打一點。現在他畢業了，我就不奢望打多少了。」

年輕人若有所思地看著遠處的海，突然想聽聽老人對海的看法。他說：「海夠偉大的了，滋養了那麼多生靈……」

老人說：「那麼你知道為什麼海那麼偉大嗎？」年輕人不敢貿然接話。

老人接著說：「海之所以能裝那麼多水，是因為它的位置最低。」位置最低！噢，原來大海是以其最低成就其偉大的！

正是因為老人把位置放得很低，所以才能夠從容不迫，能夠知足常樂。而許多年輕人有時並不能擺正自己的位置，經常為自己的一點成績而沾沾自喜，因自己有一點優勢便以為自己天下第一，夜郎自大。長此以往，他們的發展必會受限。

相反，把自己的位置放得低一些，腳踏實地站穩腳跟，然後一步步登攀，到達頂峰才更有把握。正如一位哲人所言，很多高貴的品格都是由低就的行為達成的。要想高成，須得低就。

正確了解真實的自我，才能知道自己的長處和短處。那些成功的人，當你問到他們的個人優勢和缺點時，他們能夠迅速、果斷和客觀地做出分析，好像在談論其他人一樣。這證明他們能夠了解自我。這種客觀的自我認知是取得成功的關鍵特質。

心灰意冷不如自我強大

年輕人應該明白，當你還不是一顆珍珠時，不能苛求別人馬上承認你。要想得到別人的承認，你就得想辦法先變成一顆珍珠。

懂得自己無知，說明已有收穫

有一個年輕人在大學裡成績優秀，興趣廣泛，自以為是全才，可是畢業後卻一直找不到理想的工作。屢次碰壁後，他心灰意冷，總覺得自己懷才不遇，對社會感到非常失望。父母一輩子辛勤勞作，供自己上學，可自己畢業後不僅不能報答父母，還要接受父母的接濟。這尷尬的境遇使他傷心欲絕，痛苦之下，他來到海邊，打算就此結束自己的生命。

正當他準備魂歸大海時，一位老漁夫看到了，一網把他從海裡打撈上來。老漁夫問他為什麼要走絕路，他說自己得不到社會的承認，沒有人欣賞並且重用他，他無顏再見江東父老。

老漁夫聽完他的訴說，從腳下的沙灘上撿起一粒沙子，讓年輕人看了看，然後又隨便扔在了沙灘上，對年輕人說：「請你把我剛才扔在地上的那粒沙子找出來。」

「這……根本不可能！」年輕人說。

漁夫沒有說話，從自己的口袋裡掏出一顆晶瑩剔透的珍珠，沒有等年輕人看清楚就隨便扔在了沙灘上，然後對年輕人說：「你能不能把我剛才扔到沙灘上的那顆珍珠撿起來呢？」

「這個，當然可以！」

「為什麼呢？」

「因為沙子太多了，根本無法分清你扔下去的是哪一粒，而珍珠只有一顆，而且光彩奪目，當然容易找出來了。」

「對了，年輕人。你應該明白，你現在還不是一顆珍珠，所以不能苛求別人馬上承認你。要想得到別人的承認，你得想辦法變成一顆珍珠才行。」許多人都有和這位年輕人一樣的心理，他們總是說：「公司根本就

第二輯　姿態端正，才能贏得尊重

不了解我的實力」;「上司沒有眼光，所以我再努力也得不到他的賞識」;「大家都無法欣賞我的能力」;等等。然而問題是，這真是別人的錯嗎?

千萬不要做一個自己沒有實力卻怪別人沒眼光的人。如果你現在正在什麼地方受了冷落、被人忽視，不要怨氣沖天，你應該記住，你是個普通人，沒有人太在意你。這世界並不會在意你的自尊。這世界指望你在自我感覺良好之前先要有所成就。成功是人生的最高境界，成功可以改變你的人格和尊嚴，自負是愚蠢的。

作為一個人，你必須奉獻出自己的果實，否則在這個世界上，沒有人真正認識你。人生不得意時，我們所要做的不是怨天尤人，而是不斷捕捉生存智慧，承受失落，面對打擊，最終將自己打磨成一顆閃閃發光的珍珠。當你真正將自己打磨成──顆熠熠生輝的珍珠時，任何人都掩不住你燦爛奪目的光輝。

小事成就大事，細節成就完美

> 千里之行始於足下，朝著自己的既定目標一步一步行進，成功便會離我們越來越近。

從大學教師到銷售總裁

世間萬事萬物皆起之於低，成之於低，低是高的發端與緣起，高是低的嬗變與演繹。世上絕大多數成功人士都是從低端開始，一步步走向人生制高點的。有位大哲學家曾說過：「想要達到最高處，必須從最低處開始。」這是一個相當不錯的建議。

對那些已經站在人生金字塔上的人，你只要去研究他的攀爬經歷就會發現：他一定有過坎坷和屈辱，也一定有過「低人一等」的經歷，只不過因為不甘現狀、不甘人下，比常人付出了更多的努力才攀上了人生巔峰。

郭先生是一所理工大學的英語教師，他的課一直深受學生歡迎。後來，他為「托福」考試辦培訓班。在辦班的幾年時間裡，郭先生除了賺取一定數量的錢之外，還開闊了眼界，腦筋變得靈活了。他下決心做一番屬於自己的事業，於是離開曾經工作了六年的大學校園，來到一家俱樂部工作。

俱樂部大多採用會員制，俱樂部衡量一個人的工作業績，主要是看他發展了多少會員，以及售出去多少張會員卡。他的上司告訴他，你現在唯一需要做的一件事就是：售卡。

第二輯　姿態端正，才能贏得尊重

那段時間裡，郭先生對一切都感到生疏，也沒有什麼可以利用的關係。他決定採取一個初入行者都採用過的笨辦法——挨家挨戶拜訪。因為大大小小的公司都聚集在辦公室裡，所以要一家一家地跑，一家一家地問。當然，你必須要找經理以上的高階管理人員，最好是總裁，因為普通的上班族難以接受價格不菲的會員卡。

郭先生的生活從此發生了一百八十度大轉彎。如今，他變成了一個「厚臉皮」的業務。那是一種什麼樣的感覺？他心理上的失落感十分強烈。他對自己的選擇表示懷疑了，如果留在學校裡教書不是很好嗎？

郭先生漸漸發現，那些冷如冰霜的客氣，其實還是對他最大的禮遇，因為公司裡的祕書小姐可以隨便找個理由將他拒之門外，她們也知道該怎麼對付業務。在許多公司的大門上都貼著一句話：謝絕推銷，推銷人員禁止入內！在這種情況下，他得裝出一副視而不見的樣子，而且要大說特說其俱樂部的好處，一直說到別人大動肝火。

有一個朋友問過郭先生關於「拜訪」的事情，他輕描淡寫地說：「是不是很威風，一層一層，挨門逐戶，就像軍隊進村掃蕩一樣？」郭先生聽完這番話有種想哭的感覺。往事不堪回首，他至今還清楚地記得「拜訪」之初的那種艱難困苦。他曾經精確地統計過，他「拜訪」的最高紀錄是一天內跑了七棟辦公室，「掃」了五十八家公司，感覺渾身骨架就像散開一樣，腿和腳都不是自己的了，別說走路，想挪動一下都困難。那天晚上，他坐電梯從樓上下來，在電梯間裡，他感到自己的胃正在一陣陣痙攣、抽搐、噁心，唯一的想法就是找個清靜的地方大吐一場。他那時才記起自己已是十二個小時滴水未進了。

即使推銷會員卡只有這一種方式，也很少有人能夠堅持下去，也很少有人能夠成功。這種「拜訪」雖是初步入這種行業所採用的方式，但收

小事成就大事，細節成就完美

種還是有的。後來，郭先生明顯地感覺到了「拜訪」帶給他的好處。大約四個月後，郭先生開始出現在俱樂部召開的各種招待酒會上。出席這類酒會的都是一些事業有成、志得意滿的公司老闆和商人。置身於這樣的環境中，郭先生發現那些如同鐵板一樣的面孔不見了，那些刺痛人心的冷言冷語不見了，取而代之的是真正意義上的彬彬有禮。他感到自己一下子得到了釋放。他知道他們需要什麼，知道他們需要聽從什麼樣的勸告。這很重要，因為能一下子拉近與他們之間的距離。他的語言、他的講解也不再乾巴巴的，而是彷彿帶有一種難以抗拒的鼓動力。他告訴他們，俱樂部將會給他們最優質的服務，而購買價格昂貴的會員卡，是一種地位、身分和財富的象徵。

在一次專為外國人舉辦的酒會上，似乎沒有人比他更為活躍了。別忘了，他有一口純正、流利的英語，這讓他一下子就與老外們打成了一片。他曾經一個下午同時向五個老外推銷，結果竟然售出了六張會員卡，其中一個人多買了一張，送給了朋友。每張會員卡三萬美金，每售出一張會員卡，銷售人員可以從中提取百分之十至二十的佣金，郭先生一下午的收入就很容易推算了。或許正因為收入豐厚，也不需要經過特殊準備，越來越多的年輕人在這種誘惑下開始進入俱樂部的大門，開始成為新的一批「拜訪」者。那以後，郭先生在幾個俱樂部之間跳來跳去。最終，他終於在一家俱樂部安頓。他已經不用再去「拜訪」了，即使是參加招待酒會，也不用慫恿別人買會員卡了。他擁有高學歷、高度敬業精神和良好的銷售業績，一路從銷售人員、銷售經理、銷售總監一直坐到了俱樂部副總裁的位置上。顯然，如果沒有當年的「低人一等」，哪裡會有後來的「高人一籌」呢？

你可能已經擬定了一個非常嚴謹的人生奮鬥計畫，有些目標可能是

第二輯　姿態端正，才能贏得尊重

很完善、令人讚賞的，但在沒有達到這些目標之前，中途的一些升遷真可以說是微乎其微的小事。也許你在實行一個計畫時，一著手就大受他人誇獎，但你必須對他們的誇獎一笑置之，仍舊埋頭去做，直到隱藏在心中的大目標完成為止。那時人家對你的驚嘆，將遠非起初的誇獎所能企及的。

一步一步走向成功

　　宇宙漫長的歷史是一分一秒走過來的，人類繁衍的重任也是一代一代去完成的。「愚公移山」這個寓言告訴我們，只要我們一步一步地啃下去，像山一樣的困難都會被我們啃掉。再大的困難，若是遇到一步一步堅持啃下去的人，除了等著束手就擒，還能如何？

　　一個新組裝好的小鐘放在了兩個舊鐘當中。兩個舊鐘「滴答滴答」一分一秒地走著。其中一個舊鐘對小鐘說：「來吧，你也該工作了。可是我有點擔心，你走完三千兩百萬次以後，恐怕就吃不消了。」

　　「天哪！三千兩百萬次。」小鐘吃驚不已，「要我做這麼大的事？辦不到，辦不到。」另一隻舊鐘說：「別聽他胡說八道。不用害怕，你只要每秒『滴答』擺一下就行了。」

　　「天下哪有這樣簡單的事情。」小鐘將信將疑，「如果這樣，我就試試吧。」小鐘很輕鬆地每秒「滴答」擺一下。不知不覺中，幾年過去了，已算不清它走了多少個來回了。

　　「千里之行，始於足下」，只要我們每一刻都在前行，山一程，水一程，再遠的路程也有抵達的一刻。既然如此，起行時又何懼什麼山長水遠、千里迢迢呢？在現實生活中，只要一步一步不停地向人生目標邁

進，當最後一步在我們的努力中完成時，整個事業成功的喜悅就已經浸潤我們的生命。

西元一九八三年，伯森‧漢姆徒手攀登上紐約的帝國大廈，贏得了「蜘蛛人」的稱號，同時也創造了金氏世界紀錄。美國懼高症康復聯合會得知這一消息後致電「蜘蛛人」漢姆，打算聘請他做康復協會的心理顧問，因為在美國有八萬多人患有懼高症。

伯森‧漢姆接到聘書，打電話給聯合會主席諾曼斯，讓他查一查第一○二四號會員。這位會員的資料很快被查了出來，他的名字叫伯森‧漢姆。原來他們要聘作顧問的這位「蜘蛛人」，本身就是一位懼高症患者。

諾曼斯對此大為驚訝。一個站在二樓陽臺上都心跳加速的人，竟然能徒手攀登上四百多公尺高的大樓，這確實是個令人費解的謎。諾曼斯決定親自拜訪一下伯森‧漢姆。

諾曼斯來到費城郊外漢姆的住所。那裡正在舉行一個慶祝會，十幾名記者正圍著一位老太太拍照採訪。原來伯森‧漢姆九十四歲的曾祖母聽說漢姆創造了金氏世界紀錄，特意從一百公里外的葛拉斯堡羅徒步趕來，她想以這一行動為漢姆的紀錄添彩。誰知這一異想天開的想法，無意間創造了一個耄耋老人徒步百里的世界紀錄。

《紐約時報》(*The New York Times*)的一位記者問她：「當你打算徒步而來的時候，是否因為年齡關係而動搖過？」老太太精神矍鑠，說：「年輕人，打算一口氣跑一百公里也許需要勇氣，但是走一步路是不需要勇氣的，只要你走一步，接著再走一步，然後一步接一步，一百公里也就走完了。」

第二輯　姿態端正，才能贏得尊重

諾曼斯站在一旁，一下明白了伯森・漢姆登上帝國大廈的奧祕——原來他只需一步接一步往上攀爬。

在這個世界上，創造出奇蹟的人，正是那些一步一步往上爬的人；在現實生活中，能夠克服巨大困難的人，也是那些一步一步不斷前行的人；能夠更快更好地實現自己的事業目標的人，是那些將遠大的事業目標分解為一個一個看得見、碰得著的小目標的人。

一步一步地前行，一個目標一個目標地進取。遇到艱難時，也不必一下大幅度地前行，一次前行一點點就夠了。不要小看這一點點，每次小小的前行、小小的進取，都會令成功接近我們一點點。

第三輯
為了安全，別把自己拋得太高

大成若缺，其用不敝。大盈若沖，其用不窮。
大直若屈，大巧若拙，大辯若訥。躁勝寒，靜勝熱，
清靜為天下正。

——《道德經》

第三輯　為了安全，別把自己拋得太高

榮華顯露危機，低調成就自我

> 所謂「富者多憂」，是說財富往往為人招來禍端。只有深諳低調做人之道，才能更好地成就自己和保全自己。

有錢了，別做張揚的暴發戶

舊時的店鋪在店面是不陳列貴重貨物的，店主總是把它們收藏起來。只有遇到有錢又識貨的人，才告訴他們好東西在裡面。倘若隨便將上等商品擺放在明面上，豈有賊不惦記之理。

所謂「富者多憂」，是說財富往往為人招來禍患，家財萬貫的人，整天都憂心別人覬覦自己的財富，還經常懷疑他人接近自己是別有用心的。由於與人接觸時總是多了一層顧忌，所以容易讓對方覺得有隔閡，甚至覺得被輕視，因此心生不滿。「多藏者厚亡」，珍品藏很多，會招人嫉妒怨恨，結果往往身遭橫禍。

另外，身居高位的人也有其憂慮，他們每天都擔心擁有的權勢和地位會失去，所以不如平民百姓的「無官一身輕」。

事實上，人的苦惱正來自於放不下財富、名位等外在事物。得不到的時候日思夜想，費盡心思去爭取，總以為自己一旦擁有就會心滿意足；然而如願擁有時，卻又患得患失，反而活得更不安樂。

人之所以努力奮鬥，是為了提高生活品質，如果生活環境改善了，人的煩惱卻不減反增，那麼人的努力又有何意義呢？

榮華顯露危機，低調成就自我

幾乎每個人都嚮往榮華富貴的生活，但貴而不顯、華而不炫卻不是每個人都能做到的。低調是榮華富貴者的做人哲學。富貴固然令人傾慕，但自古富貴險中求，富貴者常在風口浪尖上；榮華固然令人嚮往，但自古榮華難常在，榮華者多在枝頭顯眼處。富貴榮華者只有深諳低調做人之道，才能更好地成就自己和保全自己。

當然也有一些暴發戶「得志便猖狂」，平日裡表現得態度傲慢、飛揚跋扈，愛以物炫人、以錢壓人。但賣弄到最後，其結果是把自己賣了！

美國一名大富豪曾有一句關於財富的經典名言，他說：「有錢的一大好處，是今後你不必再想到錢這種東西，也不必再口口聲聲講錢了。」這句話很值得那些喜歡張揚的暴發戶們深思。

很明顯，如果你的行為像個暴發戶，等於把你的「底牌」開啟給人看，說明你最了不起也只是個暴發戶而已。在真正「已發達」的人眼中，所謂「發」也許僅是相對於以前的情況來說的。只有最不懂做人藝術的人，才會以暴發戶的行為暴露出自己斤兩有限的底牌來。

由此可見，即使你真正「暴發」了，也絕不要擺出「暴發模樣」來。還是安靜點為好，還是低調些好。

經營之神王永慶的便捷午餐

雖然面子對你而言很重要，但相對於人格魅力而言，有沒有名車、帶游泳池的別墅，以及你的服飾，甚至髮型等等都會顯得微不足道。當然你可以按自己的喜好穿一雙布鞋，或是在有時間的時候飛到異國他鄉去看一場你喜歡的球隊的主場或客場比賽，甚至還可以在很多人面前抽你喜歡抽的劣質菸！

第三輯　為了安全，別把自己拋得太高

　　沉住氣意味著你放棄了許多架子，放棄了許多張揚和賣弄的虛榮表現，放棄了許多假正經、假道學、假聖人的虛偽面孔。同事、部下、朋友都可以與你平起平坐了，這就使你與大家有更多的機會相互溝通、相互融合。

　　若講到富翁，王永慶絕對算得上一個，即使在世界企業家行列中，「王永慶」這三個字聽起來也是如雷貫耳。王永慶不僅是臺灣最大的企業集團──台塑關係企業的董事長，也是工業界的領袖，更是世界聞名的富豪。

　　然而，就是這麼一個擁有數十億美元資產的超級富翁，做人並不張揚，個人生活也節儉到了令人難以置信的程度。在家中，他每天堅持做毛巾操，一條毛巾竟用了二十多年，直到實在無法使用為止。家裡用的肥皂，即使剩下一小片也不會丟掉，而是將其黏附在大肥皂上，力求用盡其剩餘價值。

　　王永慶的這種作風在公司裡也同樣保持著。他一般在公司裡吃午餐，吃和一般部門主管一樣的便當，邊吃邊聽彙報，檢查工作。招待客人不是到豪華大飯店裡大擺宴席，而是在各分公司設立的招待所裡吃便飯。

　　大企業裡的高階管理人員一般都配有轎車，但台塑關係企業集團出於節約的考慮，不但處長級沒有配備轎車，就連經理級也沒有專車。一旦發現下屬有鋪張浪費現象，王永慶的處罰相當嚴厲。一次，有四名部門主管因公請三位客人吃飯，花掉了兩萬元新臺幣。王永慶知道這件事後，不但把四位主管狠狠地教訓了一頓，還對他們加以重罰。

　　像王永慶這樣的超級富豪，一擲千金對他來說根本就不算什麼，但他始終不求奢華，保持常人姿態，這也是王永慶走向成功的重要品格。

有人說，人的一生就是受苦的過程。我們不能要求每個人都來信奉這個觀點，但是，你要謀求發展，就要處處小心謹慎，夾起尾巴做人，把吃苦受累看作很平常的事，這才是一種平和的心態。

王永慶雖然生活上節儉，但他絕對不是一個守財奴。他創立的長庚醫院，收費標準大大低於其他醫院；他多次捐款給社會福利和公共事業，而且出手闊綽，毫不吝惜；他曾經一次捐給一家醫院二點五億新臺幣，用於醫院的擴建改造……

王永慶的所作所為不失為一種低調做人的姿態。

低調做人，就是把自己放在了人人平等的氛圍中。人是有感情的動物，他們希望看到你身上的平民氣質，而不是金錢和地位，如果你具備和保持這種氣質，他們就很願意容納和接受你。

大集團把財散，老闆經營靠理念

富貴的家庭待人接物應該寬容、仁厚，如果猜忌刻薄，擔心別人超過自己，那麼雖身處富貴之家，他的行徑和貧賤之人並無兩樣，這樣如何能享受長久的幸福生活呢？聰明的人應該謙虛有禮，掩藏自己的聰明才智，如果到處張揚誇耀，那麼他的言行就跟愚蠢無知的人一樣，他的事業又如何能不失敗呢？

做人如果都只著眼於利益，處處提防他人侵犯自己的利益，必將因精神生活匱乏而無法獲得充實感——尤其富貴之家，如果待人猜忌刻薄，不但終日處於不安之中，還會被人說是「為富不仁」。至於聰明人，應該懂得斂藏，到處誇耀本身的才幹只會令人反感。

「人聚財散，財聚人散。」某集團老闆因為他深諳此理，他能將自

第三輯　爲了安全，別把自己拋得太高

己口袋裡的錢財拿出來分給員工，讓這些受了「祿」的員工死心塌地地工作。

通常人們創業時，首先想到的是自己的賠和賺，而這位老闆首先想到的是別人的賠和賺。創業伊始，他就宣布了集團的創業綱領——以股東、銀行、員工、夥伴、社會五方的利益為利益，建立大利益圈，形成「五贏格局」。

這位老闆說「財聚人散，財散人聚」。世界上沒有傻子，今天你可以剝奪別人的利益，甚至明天也可以繼續剝奪，但後天你將得到苦果。一個企業如果只想活一年兩年，那就罷了；如果想長命百歲，沒有「長壽基因」是萬萬不能的。我們常常強調「市場導向」，其實「市場導向」最大的竅門就是帶給別人利益，同時也為自己帶來效益。

與一般的老闆不同，這位老闆能將自己口袋裡的錢拿出來分給員工，讓這些受了「祿」的員工或者說人才死心塌地地工作，這就是散財聚人的道理。因為這位老闆深諳「人財」的辯證關係，所以他是個好老闆，所以他的企業能夠成為百強之冠。

自我顯示不如韜光養晦

> 不少時候，有人自恃才高，結果會聰明反被聰明誤。想要成就一番輝煌偉業，就要虛心謹慎，切忌恃才傲物，無所顧忌。

別學楊修小聰明，莫招災禍才安寧

做人要注意韜光養晦，不露鋒芒，要注意不要炫耀自己的聰明才智，以免讓你顯得比別人聰明；更不要炫耀自己顯赫的權勢，這樣只會為自己樹立一大批敵人；尤其不要聲勢逼人，功高震主，引起上司內心深處的猜疑和不安。

三國時期，曹操手下有位才子名叫楊修。他不僅才華出眾，而且反應機敏，聰穎過人。最初，曹操非常看重他。不過，楊修一向恃才傲物，鋒芒太露，不但使曹操漸漸生出反感，而且最終引來殺身之禍。

楊修善於揣摩曹操的心思。有一次，曹操命人新修了一座花園，修好後帶人來參觀。曹操覺得很滿意，只是臨走時在花園門上寫了一個「活」字。等曹操走後，楊修對修園人說：「主公嫌花園的門太寬闊了，請你把它改窄點。」

修園人不解其意，楊修便說：「你沒看見主公剛才在門上寫的『活』字嗎？門與『活』合在一起，正是一個『闊』字。這就是告訴你們，花園的門太寬了，必須改小。」眾人聽了，都說有道理。於是，修園人按照楊修說的去辦。過了幾天，曹操再次來參觀，發現花園門改小了，連連

稱好。但當知是楊修析其義後,心生嫉妒。

後來曹操率軍攻打劉備,在定軍山大敗。曹操感到進退兩難,但卻不願輕易撤兵。一天晚上,適逢廚師端來雞湯。見碗底有雞肋,有感於懷,正沉吟間,大將夏侯惇走進帳來,向曹操詢問當晚夜巡的口令,曹操就隨口說了「雞肋」二字。

夏侯惇出帳後,把這個口令告訴了夜巡的將士。楊修聽到後,便吩咐手下人趕快收拾行囊,準備撤退。有士兵把此事報告了夏侯惇,他有些迷惑,趕忙問楊修。

楊修說:「雞肋,雞肋,食之無味,棄之可惜!主公是不想在此戀戰了,他雖然沒有直接說出來,但心裡已經準備要班師回朝了。」

夏侯惇對他的話深信不疑,回到帳中後,也命令手下人收拾物品為撤軍做準備,並派人通知了其他將士。

很快有人把這一消息報告給曹操。曹操一聽,不禁勃然大怒,他早就對楊修的恃才之舉有厭惡之心,立刻命人以蠱惑軍心為由推出斬首。

楊修終於結束了他聰明的一生。楊修的確很聰明,聰明到能看透別人看不到的許多東西,能猜透別人猜不透的許多東西。然而,這樣的人算真聰明嗎?顯然不算。多少年中,他被提拔得很慢,顯然是因為曹操不喜歡他,這點他沒有意識到;曹操對他的厭惡、疑心越來越深,他也沒有意識到。這就是說,該聰明時他反倒真糊塗起來了。如果他迎合曹操,不表現他的小聰明,那麼他很可能會成功。

人們也許會說,楊修的死,關鍵在於曹操的聰明和多疑,但是,換了誰,作為上司也不大願意讓部下知道他的全部心思。楊修的聰明,在大智者看來只是小聰明大愚蠢。楊修太愚蠢了,愚蠢得不知道該如何保

自我顯示不如韜光養晦

護自己，終於，他表面的聰明使他愚蠢地走上了絕路。他小聰明的過分外露，他小聰明的無節制濫用，注定了他在爾虞我詐的官場上成不了大氣候，注定了他在通向權力的道路上成為失敗者。

羅貫中說他「身死因才誤，非關欲退兵」，這只說對了一半。他的才太外露了，而且從謀略來看，尚不是真才，不是大才，至少他不知道韜光養晦，不知道大智若愚，不知道保護自己，那麼，除了災禍降臨，他還會有什麼結果呢？

真正靈活的人深知什麼叫聰明，什麼叫愚蠢。耍小聰明出盡風頭，到頭來只能更討人厭。

總體來說，耍小聰明的人有兩種災禍，一種是被人猜忌防範而招禍，一種是自己把事情辦壞而難成大事。它可以使人得意於一時，獲得心理上的滿足，然而，終究還是自毀，永遠不會取得真正的、偉大的成功。一個欲成大事的人若耍小聰明，就會早早被扼殺在搖籃裡，一個處處被人防範的人怎麼能真正取悅於上司和同事？又怎能成就一番大事業？成就一番輝煌偉業，一要虛心謹慎，切忌恃才傲物，無所顧忌；二要虛懷若谷，千萬不要出不必要的風頭，不要耍小聰明。

當眾人皆醉，你要裝醉

真正聰明、有智慧的人對待自己的聰明和智慧，能做到深藏不露，不到火候不輕易使用，要貌似平常，讓人家不眼紅你，最終達到成大事的目的。

箕子佯狂就是運用此計的一個典型。

殷商時期，紂王的太師箕子因無法勸說紂王放棄暴政，便佯裝痴

第三輯　爲了安全，別把自己拋得太高

傻。一次，紂王作長夜之飲，喝得酩酊大醉，連年月日也忘記了，便問左右的人。大家因畏懼紂王凶殘，不願惹禍上身，都跟著說不知道。於是，紂王派人去問箕子。箕子聽了這樣一個簡單而奇怪的問題，想了一下，也說自己不知道。左右的人感到奇怪，便問箕子道：「你明明知道，爲什麼也說不知道呢？」

箕子回答說：「紂王是天子，他終日沉迷酒色，連年月日都搞不清了，這說明殷朝快要亡國了。紂王身邊的人因害怕紂王凶殘無道都說不知道的事情，唯獨我說知道，那我的性命不是危在旦夕了嗎？所以，我也假裝酒醉說弄不清啊！」

當世人皆醉而一人獨醒時，這人將會永遠孤獨。更何況，高處不勝寒，舉世皆醉又怎能容得下不醉之異端？點點滴滴的歷史智慧告訴我們，聰明與糊塗是相對的。不少時候，聰明反被聰明誤。

在從政的過程中，在職場浮沉的過程中，切忌只知伸，不知屈；只知進，不知退；只知耍小聰明，不知退藏於密；只知自我顯示，不知韜光養晦。

有人大智若愚，同樣也有人大愚若智，區別在於是否有自知之明。一個人不自我表現，反而顯得與眾不同，不自以爲是，反而會超出眾人，不自誇成功，反而會成就大事，這就是大智若愚。那些盲目自傲、不寬容、耍小聰明、固執己見、自以爲是、好大喜功、愛出風頭的人在任何方面都難成大事，這便是大愚若智。深藏不露，大智若愚，一可防權勢顯赫者害賢之心，二可防同道之人嫉妒之心，三可防小人忌恨破壞之心。

高調做事，低調做人

> 作為一個人，尤其是作為一個有才華的人，要做到不露鋒芒，既有效地保護自我，又能充分發揮自己的才華，不僅要戰勝盲目驕傲自大的病態心理，凡事不要太張狂太咄咄逼人，還要養成謙虛讓人的美德。

政壇明星落敗的原因

沒有人願意相信一個言過其實的人，也沒有人會喜歡一個出言不遜的人。就算一個人真的很有本領，但因為狂妄，不懂得留三分餘地給別人，也可能會喪失很多機會。

西元一九九六年六月，在俄羅斯大選中爆出了一個大冷門：列別德單槍匹馬競選總統，獲得了百分之十五的選票，名列第三。後來，葉爾欽為了獲得總統連任，將列別德招至麾下，委以安全會議祕書和總統國家安全助理的重任。這使支持列別德的選民轉而支持葉爾欽，為葉爾欽在第二輪選舉中奠定了勝局。列別德名聲大振，成了政壇的大紅人。連葉爾欽都預言：列別德將成為西元二〇〇〇年的俄羅斯總統。

可是，就是這位政壇紅人，在十月十七日，被葉爾欽撤銷一切職務。

僅僅一百二十一天，這位被稱為「明星政治家」的人被攆出了克里姆林宮。列別德怎麼那麼快就從權力高峰上跌落下來了，原因何在？

有人說他是禍從口出，有人說他權力欲太強，兩種說法都對，具體而言，是他野心太大，要讓總統、總理下臺，攪亂了克里姆林宮的政治平

第三輯　為了安全，別把自己拋得太高

衡。列別德的下臺，主要起因是他和五十歲的內務部長庫利科夫的爭吵。

庫利科夫得到葉爾欽的支持，又是總理切爾諾梅爾金的盟友，他是克里姆林宮裡參與決策車臣戰爭的「強硬派」。當列別德進入克里姆林宮，把手伸向庫利科夫權力範圍時，庫利科夫當然就和他發生了對抗。

列別德雄心勃勃，獨自和車臣反政府力量達成了在車臣停火和俄軍撤出的《哈薩維尤爾特和平協議》，這個舉動使他獲得了一定的聲望，但他處理獨斷，引起庫利科夫巨大的反感。庫利科夫堅決反對從車臣撤軍，認為這樣做將導致戰爭車臣化，會搞亂俄羅斯南部局勢……列別德針鋒相對，把車臣戰爭責任推給庫利科夫，認為庫利科夫判斷失誤，根本不配當內務部長，並要他辭職。列別德還要葉爾欽在他和庫利科夫兩人之間做出選擇：「有他無我，有我無他。」一下子使矛盾激化起來。

列別德把自己看得太高了，他真以為在這個世界上，只有他是「救世主」，別人都是無能之輩。他攻擊切爾諾梅爾金的經濟政策不是維護國家利益，而是有利於某些「勢力集團」；他指責總統辦公廳主任丘拜斯的命令是「挾天子以令諸侯」，想充當俄羅斯的「攝政王」；他阻撓葉爾欽總統任命前總統國家安全事務助理巴圖林擔任負責高級軍職任免機構的領導人；他一再攻擊庫利科夫，而且要其「引咎辭職」；最後，他又和以前的好友、國防部長羅季奧諾夫大吵一番，指責羅季奧諾夫對空降部隊進行改革是「企圖消滅空降部隊」。

這個目中無人的傢伙在議會、黨團到處樹敵。他誰也看不起，而且野心勃勃。他剛擔任安全會議祕書，就要求擴大安全會議的職能，還起草了新章程，以國家安全為由，把自己的手伸進外交、經濟等領域。他還不知天高地厚，提出增設副總統的職位，毫不掩飾他要當二號人物的企圖。他居然對德國《明鏡》週刊記者說，他不一定要等到西元二〇〇〇

年才成為葉爾欽的接班人。後來，葉爾欽患上心臟病，他竟冒天下之大不韙，要求總統「暫時」下臺，表示「總統有病就應交出權力」，還準備競選總統，與科爾扎科夫一起，組建競選團隊⋯⋯

誰還能容忍這樣一頭「公牛」在克里姆林宮裡亂闖胡鬧呢！所以，庫利科夫進行反擊是有充分的「群眾基礎」的。庫利科夫說列別德正在召集由五萬名軍人組成的名為「俄羅斯軍團」的特種部隊，是「為悄悄改變做準備」等。葉爾欽在西元一九九六年十月初發表演講，指責「有些人」以總統生病為由，謀私利，搞小動作，急於「換總統像」。

這表明，葉爾欽已經不能容忍列別德了。果然，在十月十七日，葉爾欽在演講中表示要撤銷列別德的一切職務，其罪狀的第一條就是列別德在未徵得總統許可的情況下採取一些有損國家利益的行動，破壞了領導團隊的團結。葉爾欽引用了克雷洛夫的著名論斷：國家領導集體應該團結一致，可現在成了「天鵝、蝦和梭魚」——各行其是（天鵝等共拉一輛大車，天鵝向天上飛，梭魚朝水中游，蝦卻往岸上爬，結果，費了九牛二虎之力，大車還是紋絲不動，而使他們分開的正是「天鵝」，「列別德」在俄語中恰好是「天鵝」的意思）。

列別德縱有萬般才華，也輸定了。

列別德在這一百二十一天裡的種種表現，足以說明他從政經驗不足，還不成熟，不具備一名政治家應該具備的品格。在評論這件事時，柯維引用了戴爾・卡內基（Dale Carnegie）的一句名言：「在影響一個人成功的諸多因素中，人際關係的重要性要遠遠超過他的專業知識。」

無論是老子還是莊子，還是其他古代先哲，無不在教導我們，做人要踏實、厚道、謙虛，不可狂妄自大！只有踏實、謙虛地做人做事，才能豐富自己，充實自己，自然也會收穫更多。

第三輯　為了安全，別把自己拋得太高

人有才能是好事，但如果因為自己的才能出眾而狂妄自大就不是什麼好事了。狂妄往往是與無知和失敗連結在一起的，人一狂妄往往就會招人反感，自然也很難得到上司的賞識和朋友的認可，這樣的人又怎麼會在事業上、生活中有更加長足的進步呢？

狂妄的人總是過高地估算自己的實力，過低地估計別人的智慧。他們認為誰都不如自己，自己永遠都是正確的，高高在上的。有的人讀了幾本書，就自以為才高八斗，無人可比；有的人學了幾套拳腳，就自以為武功高強，到處稱雄。這種狂妄的人往往會以失敗的結局而告終。

把優越感讓給別人

在朋友面前，不要炫耀自己的得意，對方不願聽到這樣的事情。如果你只顧炫耀自己的得意事，對方就會疏遠你，你就會在不知不覺中失去一個朋友。要多談對方關心和得意的事，這樣可以贏得對方的好感和認同。聰明的人會將自己的得意放在心裡，而不是掛在嘴上，更不會把它當作炫耀的資本。

王小姐被調到人事局，可她在人事局工作了幾個月，在同事中連一個朋友也沒有，她自己也搞不清是什麼原因。

原來，她認為自己正春風得意，對自己的機遇和才能滿意得不得了，每天都向同事們炫耀她在工作中的成績，炫耀每天有多少人找她幫忙。但同事們聽了之後不僅沒有分享她的「得意」，而且還非常不高興。

後來，還是她當了多年老闆的老父親一語點破，她才意識到自己的癥結。從此，她很少在同事朋友面前炫耀自己的得意之事。因為他們也有很多事情要吹噓，讓他們把自己的成就說出來比聽別人吹噓更令他們

興奮。後來,每當她與同事閒聊的時候,她總是讓對方滔滔不絕地把得意炫耀出來,與其分享,久而久之,她的同事都成了她的好朋友。

上面這個事例告訴我們,當你事業有成或取得令人羨慕的職位和榮譽時,千萬不要忘乎所以飄飄然。你的一言一行都要為對方著想,要學會安撫對方的心靈。與此同時,自己的心靈也會因安然而得以慰藉。

在現實社會中,有些人為了贏得別人更多的關注、認同和推崇,或為了向他人推銷自己,有時不惜譁眾取寵,竭盡全力鼓吹和炫耀自己的得意之事,大談當年闖蕩世界的勇氣,卻矢口不提觸霉頭的困窘;大談當年過五關、斬六將的豪壯,卻從不提敗走麥城的狼狽。那些人面對地位和資歷不如自己的同事或下屬擺出一副盛氣凌人的架勢,總想讓別人知道自己很有能力,處處顯示自己的優越感,想獲得他人的敬佩和認可,結果卻往往適得其反。這種人多數都是因為表現自己,失掉了在朋友中的威信。所以,人前盡可能不要提自己的得意之事和風光之事。與其炫耀自己,不如鼓吹他人之功,把榮耀給身邊的人,把風光給同行的人,也許會贏得更多稱許和美譽。

然而,每個人都想被評價得高一點,明知不可談得意之事,卻情不自禁地大談特談,這是人性中普遍存在的意識。所以,完全不談得意之事當然不可能,但不妨注意一下談的方式。先誘使對方談談得意之事,然後接著對方的話說:「我也有過類似有趣的經歷。」這樣穿插自己的得意之事就顯得更為妥當。

每個人都非常重視自己,喜歡談論自己,都希望別人重視自己,關心自己,如果你讓他談出自己的得意,或由你去說出他的得意,他一定會對你有好感,一定會與你成為好朋友的。在這個不再是獨自打天下的社會,如果能讓朋友認同你,幫助你,那你追求成功就容易多了。

第三輯　為了安全，別把自己拋得太高

把掌聲送給別人，不是刻意抬高別人，貶低自己，更不是吹牛、拍馬屁、阿諛奉承，而是對別人的優點進行肯定，只有真正有實力、有「心計」的人才做得到。如果沒有正常的心態，就不可能正確看待別人的能力。三國名將周瑜，對諸葛亮的加害失敗後，責怪上天「既生瑜，何生亮」，終因氣量狹小而命喪黃泉；龐涓貴為魏國大元帥，卻因忌恨孫臏之才，終於落得兵敗身亡的下場。

善於為別人鼓掌，其實也是在幫自己加油。當我們沒有成功時，我們應該真誠地為走向成功的人鼓掌；當我們走向成功時，更要學會為別人鼓掌。相互鼓掌才能相互提高，當你善於為別人鼓掌時，才會獲得更多人的喝采。

劉備藏而不露，最終化險為夷

一個真正具有才德的人要做到不炫耀，不顯才華，這樣才能很好地保護自己，正所謂「藏巧守拙，用晦如明」。劉備就是深藏不露的絕頂高手。東漢末年，曹操挾天子以令諸侯，勢力大。劉備落難投奔曹操時，每日只在後園種菜，親自澆灌。名為種菜，實則為韜晦之計。關雲長和張飛蒙在鼓中，說劉備不留心天下大事，卻學小人之事。

一日曹操約劉備入府飲酒。酒至半酣，突然陰雲密布，大雨將至，曹操大談龍的品行，又將龍比作當世英雄，接著問劉備，請他說說當世英雄是誰。劉備裝作胸無大志的樣子，點遍袁術、袁紹、劉表、孫策、劉璋、張繡、張魯、韓遂，但都被曹操一一貶低。

這個問題若是對別人而言，乃是諂諛獻媚的絕好機會，但劉備卻閉口不提曹操。因為他若明言曹操為英雄，固然會討曹操一時的歡心，但

卻等於指出曹操是一個不甘屈居人下的人，識破了其篡逆之心，那必定會招致曹操的警惕與忌恨。

之後，曹操藉機試探劉備，看他是否想稱雄於世，於是說：「夫英雄者，胸懷大志，腹有良謀，有包藏宇宙之機，吞吐天下之志者也。」

劉備問：「誰能當之？」

曹操以手指劉備，然後自指說：「今天下英雄，唯使君與操耳！」這時，劉備正與董承等密謀對付曹操，聞言怎不大吃一驚，手中筷子不覺落於地上。

如此舉止失措，必將引起曹操疑心，而劉備畢竟是世之梟雄，善於藉機掩藏。當時恰好大雨將至，雷聲大作，劉備便從容俯首，一邊拾起筷子一邊說：「一震之威，以至使劉備到了這個地步，真是慚愧。」

曹操笑說：「大丈夫也怕雷嗎？」

劉備說：「聖人聞迅雷烈風必變，我怎麼能不畏懼呢？」劉備雖藉此巧妙地掩飾了自己的失態，但心中終是不安，不久便藉機脫身離開了曹操。

劉備藏而不露，人前不誇示炫耀、吹牛自大，才使得他化險為夷。所以說，不管何時，為人處事還是低調些好，要學會掩其鋒芒，深藏不露。俗話說，「滿招損，謙受益」，才華出眾而又喜歡自我炫耀的人，必然會招致別人的反感，吃大虧而不自知。真正的智者是低調處事，善於隱匿，深藏不露的人。

當然，長時間將祕密深藏於心底，並不容易。即使是一代梟雄，善於深藏的劉備，也有藏不住祕密、一吐為快的時候，那是劉備在荊州依附劉表的時候。

第三輯　為了安全，別把自己拋得太高

　　劉表待劉備很好。一日劉備與劉表閒聊時去上廁所，看見自己髀肉復生，不覺潸然淚下。不久入席，劉備臉上還有淚痕，劉表見了驚訝地詢問。劉備嘆氣說：「我往常身不離鞍，現在久不騎馬，髀肉復生。日月蹉跎，老將至矣，而功業不致，不覺悲傷呀！」

　　劉表說：「我聽說賢弟到許昌，與曹操煮酒共論天下英雄，盡舉當世名士，曹操都不以為然，而獨說天下英雄，唯有賢弟與他二人！以曹操之權勢，尚不敢自居吾弟之先，你又何須憂慮功業不立呢？」

　　乘著酒興，聽了劉表的話，劉備自己也不覺飄飄然，失口答道：「我若有基業，天下碌碌之輩，都不在我眼裡。」

　　劉表聽了，默然無語。劉表既知劉備是當世英雄，想用之以助己，也因知其是英雄，恐遭其制。因此，用不用劉備，他的心裡是矛盾的，如今劉備稍有失言，就引起他的疑慮。席散，劉表退入內宅，在屏風後偷聽的蔡夫人對劉表說：「劉備之言，甚是欺人，足見這傢伙有吞併荊州之意，現在若不除了他，必為後患。」劉表聽了，只是低頭嘆息。

　　只因被人一番恭維，而忘形透露出自己的志向，便差點帶給自己殺身之禍，所幸劉表乃猶豫不決的庸碌之輩，悲劇才沒有上演。

　　深藏不露，大智若愚，善於掩藏自己的意圖和志向，正是一些當世豪傑、大智大勇人物明哲保身的為人策略。我們普通人在一些特別的時候，也不要鋒芒畢露，不要一下子展露所有的本領，慢慢來，逐次增多，贏得一次輝煌的成功後再進行下一次，獲得熱烈的掌聲後再期待更大的成功。

　　作為一個人，尤其是作為一個有才華的人，要做到不露鋒芒，既有效地保護自我，又能充分發揮自己的才華，不僅要戰勝盲目驕傲自大的

病態心理，凡事不要太張狂太咄咄逼人，還要養成謙虛讓人的美德。

所謂「花要半開，酒要半醉」，鮮花嬌豔盛開，不是立即被人採摘而去，就是衰敗的開始。人生也是這樣。當你志得意滿時，切不可趾高氣揚，目空一切，不可一世，這樣你不被別人當靶子打才怪呢！

不露鋒芒，可能永遠得不到重任；鋒芒太露，卻又易招人陷害，當施展自己的才華時，也就埋下了危機的種子，雖容易取得暫時成功，卻也為自己掘好了墳墓。所以才華顯露要適可而止。

深藏你的拿手絕技，你才可永為人師。因此演示妙術時，必須講究策略，不可把你的看家本領都通盤托出，這樣你才可長享盛名，使別人永遠唯你是依。在指導或幫助那些有求於你的人時，你應激發他們對你的崇拜心理，要點點滴滴地展示你的造詣。含蓄節制乃生存與致勝的法寶，在重要事情上尤其如此。

第三輯　為了安全，別把自己拋得太高

掩藏自我情緒，增加內心定力

> 控制自己的情緒，可以隱藏自己的祕密。情緒如果老是寫在臉上，喜怒毫無掩飾，別人一看就知道你心裡想什麼，有心人只要用話一套，你就可能把事情的來龍去脈說出來。

別讓表情出賣了你

喜怒不形於色，這是多少人追求的一種境界。在實際生活中，這種以靜制動的功夫被稱為「深藏不露」、「綿裡藏針」，這也是一種為人處事的「心計」。而喜形於色，在天真爛漫的孩童或涉世不深的年輕人身上最為常見。

喜怒哀樂，七情六慾，乃人之常情，是人的思想與行為的伴生物。不能控制自己情緒的人，一遇到不開心的事，就會情緒激動，說話不謹慎，行動失控，不但會洩漏自己真實的想法，還往往會把事情辦砸。

傑出的領導者、成功人士，都善於掩蓋自己的情緒和意圖。因為一個人駕馭他人的關鍵，首先就是能控制自己情感的流露。在掩飾自己的情緒和意圖時，成功人士常常以反問、講故事、讓對方說話的方式，讓對方覺得親切，轉而離開談話的正題。在時機還未成熟的時候，不要對別人表露你的真實意圖，同時，要在可能的情況下博得對方的好感。

曾經有位叫艾維斯的青年，要出售一份地產，專等福特在工廠時特地前往拜訪。福特欠著身子仔細傾聽他的說明。原來那塊地就在福特已

經買了的土地中間，按說福特應當順理成章地答應買下那塊地。

福特並沒有直接回答艾維斯的問題，而是從桌上拿起了一些纖維狀的東西，遞給他說：「你知不知道這是什麼？」

「不知道。」艾維斯回答。於是福特向他解釋道，這是一種剛研究出來的新材料，是用來製作「福特汽車」車架的。

福特花了整整十五分鐘向他講解這種新材料的來源和特點，還對他講述明年將要推出新汽車的計畫，雖然艾維斯對他所講的內容感到莫名其妙，但是他的心情還是非常愉快的。最後，福特向他表示自己不會買他的土地，然後就送他出門了。

福特在這裡沒有說明緣由，也沒有引起爭辯，就謝絕了對方的建議，而且還讓他非常愉快地離去了。非常明顯，他談論自己的計畫，完全是為了取悅對方，其實他早已做出了決定，他之所以這樣做完全是為了掩飾自己的情緒和意圖。

控制自己的情緒，可以隱藏自己的祕密。情緒如果老是寫在臉上，喜怒毫無掩飾，別人一看就知道你心裡想什麼，有心人只要用話一套，你就可能把事情的來龍去脈說出來。對於這種人，說得好聽一點是率直如赤子，說得難聽一點是對情緒缺乏掌控力，將讓人留下「辦事不牢靠」的印象。

而一些有大智慧的人，常常以其言行告訴世人，要想事有所成，最好「不動聲色」。也許我們做不到完全不動聲色，喜怒之形多少會掛於臉上，也許我們沒有那麼高尚的情懷，做不到不以物喜，不以己悲，但至少我們可以適當地收斂自己的想法和情緒。這是前人經驗的總結，也是生活智慧的體現。

第三輯　為了安全，別把自己拋得太高

莊公忍得一時，一舉獲勝成大器

　　事情未發之前，「靜不露機，雲雷屯也」，冷靜沉著，不露鋒芒，好像雲雷蓄而不發，其實都是在暗中觀察、謀劃，靜待最佳時機的到來。而一旦時機成熟，萬事俱備，就要及時出手，以迅雷之勢，直撲目標，有如霹靂，劃亮整個夜空；有如驚雷，讓人不及掩耳。

　　春秋初年，鄭武公去世後，太子即位，即鄭莊公。鄭莊公出生時，因腳在先，頭在後，讓母親武姜幾乎喪命，所以武姜十分討厭他，而偏愛他的胞弟共叔段。兄弟倆長大之後，武姜曾幾次請求立共叔段為太子，但武公沒有答應。對於這事，武姜和共叔段一直心懷不滿，所以武公一死，他們便加緊了奪權步伐。

　　開始，武姜以母親的身分為共叔段求取封地，要求莊公把制邑封給共叔段。制邑是軍事要塞，莊公沒有答應。武姜就又替共叔段求取易守難攻的京城，莊公只好答應了。

　　共叔段一到京城，就加高加寬城牆。鄭國大臣們對此議論紛紛，負責國家禮制的大臣對莊公說：「對於都邑城牆的高度，先王都有規定。如今共叔段不按規定修城，您應及時阻止，以免後果難以收拾。」莊公何嘗不明白這個道理，但他心裡另有打算，所以說：「我母親希望這樣，我又有什麼辦法呢？」

　　共叔段見莊公沒有對自己採取限制措施，便更加放肆起來，下令讓西部、北部邊陲守軍聽命於自己，並私自占領了周圍的城邑作為自己的封地。這些舉措使鄭國將士們憤憤不平。大將公子呂對莊公說：「應及早下手制止他，否則軍隊慢慢就會被他掌握了！」鄭莊公還是不緊不慢地說：「用不著。不仁不義的事做多了，就會自取滅亡。」

共叔段看到哥哥還沒有反應，更加肆無忌憚起來，聚集糧草，擴充步兵和車卒，暗地準備攻打莊公的國都，並約好了母親作為內應。這下舉國上下的百姓都義憤填膺。

莊公派人探聽到共叔段起兵的日期後，便說：「時機到了！」於是立即調派公子呂率領兩百輛戰車攻打京城。京城軍民紛紛倒戈，而共叔段卻沒有做好防護的準備，只好撤退，跑到鄢地。莊公派大將打到鄢地，共叔段只好逃亡到外國，不久即被逼自殺。

對於一般敵人，只要自己實力上不處劣勢，就好對付。但鄭莊公的敵人不是別人，是他的生母和胞弟！這就讓他有些為難了。用什麼方式與他們對抗才好呢？

鄭莊公高明之處在於其遇事能忍善藏。當他的母親姜氏與胞弟共叔段串通，製造麻煩的時候，他能做到隱忍不發。共叔段想占好的地方，他就把京地分封給他；共叔段貪欲不足，大修城邑，圖謀不軌，他也能克制隱忍，裝出一副漫不經心的樣子，藏起自己的智慧和意圖。如此這般，使得他的胞弟產生錯誤的判斷，把他表現出的妥協退讓誤認為懦弱無能，於是步步緊逼。

這樣一來，一是使胞弟過低地估計莊公的實力而疏於防範；二是讓胞弟一步一步地暴露自己的弱點，向世人昭顯那些足以致命的滔天罪行。如此，既能一出手就輕鬆地置對手於死地，又不使自己背上「不孝不悌不仁」的罪名，反而會贏得「大義滅親」的聲譽。

能忍善藏之後，第二步便是抓住最佳時機，該出手時就出手。一旦時機到來，便以迅雷之勢出手，重拳出擊，讓對手再無翻身之時。

鄭莊公在胞弟逼宮問題上的隱忍，說到底不是單純的隱忍或退讓，

第三輯　為了安全，別把自己拋得太高

而是韜光養晦，不願過早地和對手攤牌。如果早早動手，即便抓住了胞弟也不能將他處以死罪，會留下無窮後患。所以，鄭莊公在確定最適當時機之後，給予對手迎頭痛擊——「克段於鄢」，一舉端掉動亂的禍根。

這樣的歷史故事告訴我們一個常理：不管是在工作還是生活中，若是與他人競爭，時機不利，要能忍善藏；一旦時機成熟，該出手時就出手，不要拖延，也不要含糊。否則，便會如古人所言：「當斷不斷，反受其亂。」

正所謂：「真功夫不可告人，自有其理由。」有時是時機不成熟，你必須像獵人一樣耐心潛伏著，等待獵物出現；有時是為了讓對手充分表演，完全徹底地暴露出他的全部招數，然後你再抓住其要害給予致命一擊，讓他領略後發制人的厲害。

學會隱忍，弱勢也能成贏家

> 人們處於劣勢時會有求勝的謀略，然而沒有隱藏的功夫就會過早洩漏天機，不能取得最後的成功。

充英雄容易，扮弱者最難

人生在世一臺戲，你方唱罷我上場，不管你會不會演，就看你會不會裝。充英雄容易，扮弱者難。俗話說得好，槍打出頭鳥，當你還不具備實力時，請把你過剩的才華藏起來！不要顯示自己所有的才智，不要洩漏自己全部的實力。

一匹小斑馬浸泡在水中，牠悠閒而自在，完全沒有覺察周圍的危機。在岸邊，有一頭體積比牠大數倍的母獅正在窺伺。母獅沒有貿然採取行動，不是因為無把握，只是不知道水的深淺，所以只好靜待良機去獵殺。

不久，小斑馬滿足地站了起來，還若無其事地伸個懶腰。是的，牠犯了致命的錯誤，讓岸邊的敵人洞悉：哦，原來那麼淺。母獅蓄銳出擊，齧咬著斑馬的咽喉不放，並撕裂血肉，大快朵頤。母獅進餐，是在水中一個小浮島上進行，牠無意與同伴分食。

岸上來了些獅子，遠視牠吃得痛快，也饞涎大流。不過晚來了一點，又不敢輕舉妄動：不知道水的深淺呀，所以沒游過去搶食。

母獅死守並獨占食物，得意地盡情享用。一不小心，食物掉進水裡，牠下水攪住，一站起來，群獅洞悉了：哦，原來那麼淺。

二話不說，飢餓的獅子群一齊下水，把母獅的晚餐搶走了。

人人都不想倒下去，只希望站起來。無意中，一個飛揚跋扈的姿態，便讓所有旁觀者知道你是個怎麼樣的人，底牌在哪兒，水有多深——哦，那麼淺。是自己揭發的。

人們處於劣勢時會有求勝的謀略，然而沒有隱藏的功夫就會過早洩漏天機，不能取得最後的成功。如果一個人的才智和實力被看透，那麼他所有的弱點和局限都會暴露無遺。而得意時的張揚狂妄、得意忘形，恰恰將自己的才智和實力盡現於眾人眼前。

司馬懿假稱病，看準時機掌朝政

東漢時期北海王劉睦好讀書，禮賢下士，深得光武帝喜愛。一次，劉睦的手下到京城去。走前，劉睦召見他，問道：「如果皇上問起我來，你怎麼回答？」使者說：「大王忠順孝悌，仁慈善良，敬重賢人，臣敢不如實彙報嗎？」劉睦說：「呀！你這樣說，我就危險了。如果你為我打算的話，只能說我自從繼承王位以來，意志衰退，聲色犬馬，這樣我才能免遭禍患。」劉睦是將外晦內明這一謀略作為處世之用的。比之於皇帝，他的威望越高，皇帝就越有戒心，因此不得不以愚拙示人以避免災禍。

很多史實告訴我們，愛炫耀自己的聰明甚至唯我獨尊的人，絕不是真正的智者。真正的智者絕不任意顯露自己的聰明，而是將精明掩飾起來，故意把晦暗、糊塗展示給人看。外晦內明這一謀略，運用於各種競爭中均有奇效，常常可以麻痺對方，然後攻其不備，一舉成功。

三國後期，北方的曹魏集團勢力漸漸強大起來，顯露出了併吞天下的端倪。但與此同時，曹魏集團內部司馬氏的勢力也變得強大起來，形

成了司馬氏取代曹氏之勢。

魏明帝曹叡死後，掌大權的是大將軍曹爽。曹爽為了抑制司馬氏不斷膨脹的勢力，罷掉了太尉司馬懿的兵權。司馬懿並不甘心即將到口的肥肉被奪走，於是密謀除掉曹爽，以重掌軍權，成其大事。

司馬懿知道，如果武裝起事的話，會引起內亂，吳蜀就會趁機鑽漏洞，因此只有智取才行。司馬懿非常清楚，曹爽防範自己，但是也懼怕自己，那為何不抓住他懼怕自己這一點而用計，麻痺他，然後乘其不備而奪權呢？

主意已定，司馬懿便稱病不上朝。每當朝廷派使者來問病，司馬懿都裝出越來越病重的樣子。曹爽聽了使者的彙報後大喜，心想司馬懿是皇上的老臣，而且以足智多謀聞名，在朝中對自己威脅太大，本來還擔心自己鬥不過他，沒想到老天助人啊，讓他衰老有疾，難以過問政事，看來這司馬懿是難成氣候了。但曹爽又轉念一想，會不會是司馬懿裝病來迷惑自己呢？於是他決定找機會再試探司馬懿一番。

正好沒過多久，荊州奪到手。因為荊州是軍事重鎮，所以曹爽決定派自己的心腹河南尹李勝前去任刺史。臨行前，曹爽授意李勝去向司馬懿辭行，以觀虛實。

李勝是司馬懿的老部下，所以司馬懿讓李勝來自己的臥室相見。李勝進到臥室，見司馬懿讓侍女扶起身來，用被子圍了才勉強在床上坐住。李勝向司馬懿說明來意，稱自己馬上就要去荊州了。司馬懿側耳聽了半天，說：「并州靠近胡人，你去後要小心。」

李勝提高了聲音說：「我是去荊州。」

司馬懿說：「雍州？雍州也很重要啊。」

第三輯　爲了安全，別把自己拋得太高

　　李勝心想：「看來這老傢伙真是不行了。」又見司馬懿要喝水，侍女端過碗來餵，只見那水從這邊倒進嘴去，從那邊嘴角又流出了一半，把被子上滴得到處都是。李勝告辭出來，將自己的所見所聞報告了曹爽。曹爽聽後，滿心歡喜，從此再不把司馬懿放在眼裡了。於是，曹爽擇日約了皇上外出狩獵去了。

　　司馬懿一聽曹爽和皇上出城狩獵，知道良機來了，趕忙召集親兵，發動了政變。等曹爽和皇上次來的時候，司馬懿在城外將曹爽擒拿。曹爽一見司馬懿精神抖擻地騎在馬上，知道自己被他算計了，長嘆一聲，後悔不已。

第四輯
前慮不定，後有大患

慎者之有餘，足以及人；不慎者之所積，不能保身。

——《呻吟語》

第四輯　前慮不定，後有大患

未雨綢繆，有備無患

> 凡事量力而行，做好最壞的打算，不但會讓你取得成功，有時還會讓你有意外的驚喜。

處事微妙，員工歡笑

留有餘地，是處世的妙道。因此萬無一失的事要防止出現十分之一的錯誤，難事要防止出現百分之一的錯誤，大事要防止出現千分之一的錯誤，難以預料的事要防止出現萬分之一的錯誤。

做好最壞的打算，不但會讓你取得成功，有時還會讓你有意外的驚喜。經濟不景氣，一家向來營運很好的公司，業績大幅滑落，董事長為只發給員工相當於一個月薪資的年終獎金而憂心：「許多員工都以為可以拿到至少等額於兩個月薪資的獎金，恐怕飛機票、新家具都訂好了，只等拿獎金去付帳呢！」

經理也愁眉苦臉：「就像給孩子糖吃，每次都給一大把，現在突然變成兩顆，孩子一定會吵。」

董事長聽完，好像有了靈感。兩天後，傳出消息：「由於營運不佳，年底要裁員，年終的聚會晚宴可能都要取消。」頓時人心惶惶了。每個人都在猜，會不會是自己？

過了幾天，經理又宣布：「公司雖然艱難，但大家在一條船上，要同舟共濟，再怎麼艱難，也絕不會犧牲共患難的同事，就是年終獎金不可能發了。」聽說不裁員，大家放下心上的大石頭，不至捲鋪蓋的喜悅，

早壓過沒有年終獎金的失落。

突然，董事長召集各主管召開緊急會議，員工們面面相覷。沒幾分鐘，主管紛紛衝進自己的部門，興奮地高喊著：「有了！有了！還是有年終獎金的，整整一個月薪資，馬上就會發下來，讓大家過個好年！」霎時，整個公司，淹沒在一片歡呼聲中。

人的感受就是這樣微妙，想要的愈多，失望就愈大。如果先有最壞的打算，得到的意外驚喜度就加倍高。英國首相邱吉爾（Churchill）也有句名言：「存最好的希望，做最壞的準備。」你對今年的年終獎金還有什麼企盼嗎？在全球經濟普遍低迷的情況下，還不如用最壞的打算，迎接意外的驚喜。

一旦人們知道了事情的底線，做好了最壞的打算，心情也會釋然。下面是美國的一則徵兵啟事：

來，快來當兵吧。當兵有兩種可能，有戰爭和沒有戰爭。沒有戰爭有什麼可怕的？有戰爭有兩種可能，上前線和不上前線，不上前線有什麼可怕的？上前線有兩種可能，受傷和不受傷，不受傷有什麼可怕的？受傷有兩種可能，能治好和不能治好，能治好有什麼可怕的？不能治好更不可怕，因為已經死了。

據說這則幽默的啟事一出，原來應徵者寥寥的局面馬上改變了。因為啟事已經把最壞的結果告訴了人們。

其實有些事情，只要我們能夠做最壞的打算，或者不要沉浸在患得患失的想法當中，就能夠積極而勇敢地面對。當對事情有了一種「大不了如此而已」的想法，我們就會勇氣倍增，也可以接受很多不完美的事實，因為世界上的事情，都難以完美。所以，如果你想嘗試，那就勇敢地開始；如果你覺得痛苦，那就坦然地結束。

第四輯　前慮不定，後有大患

諸葛亮苦心得荊州，關羽大意又弄丟

　　善為事者，時時心中有數，絕不在沒有把握的情況下隨意出手。一個人善於抓住時機，見機而作，固然是英雄本色，但急流勇退，能見好就收，適可而止，也是智者之舉。這一切都取決於心中之數。

　　適可而止，就是在競爭事業中，時時刻刻注意和自身利益相統一的數量界限，絕不可過度，絕不使事情發展到反面。同樣，為人處事都有一個界限，超過或者不及，都會使事物的性質發生變化。界限的存在，要求我們無論做何種事情，都應有個數量分析。做到「胸中有數」，方可攻守轉換。

　　三國時期荊州的歸屬，一直是吳蜀雙方爭執不休的問題。赤壁之戰後，劉備占領了荊州。對於劉備來說，不能沒有荊州，因為這是發展的基地，失去荊州，就失去了三分天下，也就失去了統一中國的條件。但是，荊州也是東吳的門戶，東吳要統一長江以南，發展自己，也必須奪取荊州。為此，赤壁大戰後，孫權便派魯肅前往索要荊州。

　　照理說，赤壁之戰是孫劉聯合的勝利，荊州作為從曹操手中奪取的戰果，歸劉備所有，名正言順。況且，劉備漂泊半生，連個安身之處都沒有，占有荊州也沒什麼不可，完全可以講出一些理直氣壯的話來。但諸葛亮對魯肅說的卻不是這樣的話，而是提出暫「借」荊州。

　　一個「借」字，體現了諸葛亮辦事適可而止、恰到好處的精神。當時的劉備，和曹操、孫權比較，力量還很弱小，必須和孫權結盟，共拒曹操，方能立穩腳跟，發展壯大，以圖大舉。若提出占領荊州，激化吳蜀的矛盾，就會破壞吳蜀聯盟，打破既定的政治策略，造成全域性被動。而用一個「借」字，就避免了這一危險，就是說，「借」荊州既保證了劉

備的可靠後方根據地，又維護了孫劉雙方的同盟關係，不過不及，恰到好處。

但關羽這個人卻不能理解諸葛亮的這番苦心。諸葛亮離開荊州之前，曾告訴關羽八個字「北拒曹操，東和孫權」。但他一直沒把「東和孫權」放在心上，在與東吳的多次外交中，憑著一身虎膽、好馬快刀，從不把東吳人包括孫權放在眼裡，不但公開提出荊州應為我們所得，還對孫權等人進行人格汙辱，稱其子為「犬子」，使吳蜀關係不斷激化。最後，東吳一個偷襲，使關羽地失人亡，悲慘至極。雖然關羽的失敗不能全部歸結於他處理與東吳關係時的不謹慎，但至少他的激烈行為，造成了吳蜀聯盟的破裂，使東吳痛下決心，以武力收復荊州。

諸葛亮、關羽的所作所為，從正反兩個方面證明：適可而止，見好就收的確是一條極為重要的處世心術。

判斷一個人心智高低的關鍵，不是看他能不能做什麼事，而是看他能否做應該做的事。不該做的事，你做了，即使很巧妙，也只能證明你心力低下；不該做的事，堅決不做，即使顯得無所作為，也是心力高超。唯有在紛繁複雜的事情面前，清楚地知道應該做的事和不應該做的事，並相應調整自己的行為，方為智者。荀況曾說過：「知其所為，知其所不為矣，則天地官而萬物役矣。」老子也說過：「無為而無不為。」生活中常常有這樣的事，無所作為，就是最大的作為！

第四輯　前慮不定，後有大患

逞一時之快不如三思而後行

> 當別人對你有所希求而你無法辦到時，不要為了所謂的「面子」而去逞一時之快答應他，而應該透過婉言拒絕的方式拒絕。真誠道地出你的苦衷，你將會被理解。

靴筒裡裝了金塊，到門口故意露餡

人生既漫長又短暫，關鍵的就幾步。老成不怕多，凡事應多三思，不怕一萬，就怕萬一。

著名的發明家愛迪生在談到自己的做事原則時說：「以前有許多我自以為對的事，一經實驗後，就往往會發現錯誤百出。因此，我對於任何大小事情，都不敢過早做十分肯定的決定，而是要經過仔細權衡後才去做。」我們無法預知未來，所以很多事成功與否常常取決於你是謹小慎微還是草率魯莽。有些人之所以失敗，就因為缺乏思考。他們在遇到事情時不經考慮就急於去做，只求做得快，成事快，結果敗事也快，事後又後悔不迭，留給人魯莽毛躁的感覺。

而那些頭腦清醒的人在經過周密考慮、仔細權衡之後，才會採取行動。這種把事考慮得周到，考慮得透澈的人，自然做事就會又準又快，理所當然就成功了。即使沒有成功也會留給人成熟穩重的印象。

做事一定要審慎，要善於審時度勢，不可思慮不周便急於行事，更不能魯莽行事。行事審慎，處處可見「行事未動心先至」的用心，事情就會朝著自己事先設想的方向前進，就會趨向妥當周到完善，可以避免出

逞一時之快不如三思而後行

現一些意想不到的差錯。

當你遇到問題難以一時決定怎麼解決時，就不要盲目行動，而應仔細地考慮斟酌一番。做事的成敗，往往取決於對實際情況的掌握程度，千萬不要在事實還不允許做決定之前，便急躁不安，草率行事。遇事多考慮一段時間，尤其是遇到你不好決定的事情，要先問自己：是否已經把該考慮的都想到了？有沒有什麼遺漏？這件事是不是可行的……等到你對這件事情完全了解，對於解決方法也有了充分的把握之後，不妨做出決定，因為那時你已經無所顧忌了。在面對問題時，理智地做出選擇，你才能事事遂意，才能成為一個成熟的人。

在日常生活中，我們的一言一行都要謹慎。正如俗語所云「隔牆有耳」，我們做過的事，都會有人看在眼裡或將會看在眼裡。

明太祖朱元璋得天下之後，郭德成任驍騎指揮。郭德成的妹妹是朱元璋的妃子，每次入宮，妹妹總想讓哥哥多待一會兒，可郭德成就是不肯，每次都藉故有事早早離開。

郭德成的妻子對夫君所為也是不解，常埋怨他說：「皇妃是你的妹妹，多聊一會兒又有何妨？皇上知道了也不會怪罪於你，你還怕什麼呢？」

郭德成總是不肯作答，只說：「我確有要事在身，怎可因私廢公？你不明情由，以後不要再妄加非議。」

一天，朱元璋召他入宮，臨走之前，朱元璋賞他兩錠黃金，還讓他莫對人言。郭德成謝恩收下，把黃金裝入靴筒。快走出宮門之時，他突然腳下不穩，隨後似醉漢一樣跌坐在地，靴子也脫落了。宮中守衛一見靴子中滾出了黃金，立刻將他暫時收押，並迅速將此事報與皇上知曉。待朱元璋說明了其中緣由，郭德成才得以脫身。

第四輯　前慮不定，後有大患

　　事後，有人責怪郭德成太不小心，郭德成只是一笑置之。私下裡，他卻對妻子說：「皇上嚴刑峻法，那些酷吏無孔不入，我隨時都有可能被人栽贓陷害，牽扯進來，怎能不事事小心呢？我故意摔倒露出黃金，正是考慮到這個啊。試想皇宮防衛森嚴，滴水不漏，挾帶黃金而出，豈能瞞過眾人？日後若有人說我偷了黃金，我將有口難辯。何況我妹妹服侍皇上，我出入無阻，萬一皇上以此試探於我，這事就更麻煩了。」

　　郭德成不僅在應付皇上時特別恭敬謹慎，在和其他人交往時也是小心謹慎，特別是對掌管司法的大臣和大大小小的獄吏，他十分恭敬，有時還半開玩笑半認真地說：「有一天若是我犯在你們手裡，請看在今日的情分上，讓我少受些罪，我就感激不盡了。拜託！拜託！」那些人每到此時，總是笑著回敬他說：「大人乃是皇親，誰敢把你怎樣呢？你太多慮了，切勿再言。」一時，人們都認為郭德成有些迂腐。

　　郭德成一生處世謹慎，有時甚至被人恥笑，他也不以為意。正所謂寧為痴人，勿為罪人，郭德成故意露出黃金之舉，在封建專制時代並非小題大做。常言道「伴君如伴虎」，郭德成處處謹慎小心，當是其時生存的上策。事無鉅細，我們都應謹慎小心，對特別深奧或可疑之事尤其要詳加斟酌，要透過表面現象，看到其本質。有心人總是遠離是非的漩渦，千方百計躲在陰謀者的視野之外。撥開了眼前的迷霧和障礙，考慮了事情的前因後果，穩步前行，事情才會順利而圓滿。

拒絕別人時，要盡可能模糊一點

　　拒絕是語言交際中的一種逆勢狀態，必然在對方心理上造成失望與不快，大者令人暴跳如雷，小者令人微微蹙眉。巧妙的拒絕，就是要把由於拒絕而造成的失望與不快控制在最小的限度之內，既使自己能從無

逞一時之快不如三思而後行

法回答的困境中解脫出來，又使對方能夠接受拒絕而無可挑剔。

在現實生活中，不管是對同事、業務對象，還是朋友、親戚，誰都無法真正做到有求必應。在回答對方要求時，有時總免不了要說出一個「不」字來。

可是，人際關係不是「是」和「不」兩個字可以分清楚的，尤其是在現代社會，人際交往縱橫交錯，彼此連結，既要競爭，又要依存。一個「不」字說來輕巧，可在人情來往中卻猶如一把無形的「刀」，舉起來砍下去重若千斤。為官的怕失去民心，為民的怕得罪上司，親戚間怕人說六親不認，朋友間怕人說不夠義氣，從商者怕失去客戶……

拒絕別人，說「不」簡直成了世界上最讓人為難的事，弄不好就可能失去交情，引起反感，被人誤會，甚至有自毀前程的危險。拒絕他人的要求並非硬邦邦地一口回絕或不理睬，它需要一定技巧，要做到既能使對方接受你的意見，又不致傷害對方。這就需要找一個藉口拒絕別人，拒絕時，盡可能把「不」說得含糊一些，這樣既能讓對方明白你的立場，又能充分保留對方的面子，避免對方心生挫折感。

很多成功的領導人都非常精通拒絕的藝術，在說「不」的同時，還可以給對方足夠的面子。英國前首相迪斯雷利（Disraeli）就是其中的一位。

一位軍官一再請求迪斯雷利加封他為男爵。首相知道這個人才能超群，也很想和他搞好關係，可軍官的條件不夠加封，因此對於他的要求迪斯雷利無法滿足。一天，首相把軍官單獨請到辦公室，告訴他說：「親愛的朋友，很抱歉我不能封你為男爵，可是我能給你一件更好的東西。」

迪斯雷利把聲音放得很低說：「我會告訴所有人，我曾多次請你接受男爵的封號，可都被你拒絕了。」這個消息被首相傳出後，眾人都稱讚這位軍官謙虛無私、淡泊名利，對他的禮遇和尊敬超過任何一位男爵。

第四輯　前慮不定，後有大患

軍官由衷感激迪斯雷利，後來他成了首相最忠實的夥伴以及軍事顧問。

首相的聰明主要在於他明白軍官真正要的不是一個男爵頭銜，而是封爵之後的巨大榮耀。

錢鍾書先生是一位文學大師，同樣也是一位懂得拒絕藝術的人。

有一次，一位讀過《圍城》的美國女士打電話給錢鍾書先生，說自己很想拜見他。錢鍾書先生一向淡泊名利，不愛慕虛榮，他在電話中婉拒道：「如果你吃了一個雞蛋覺得不錯的話，又何必要見那個下蛋的母雞呢！」在此，錢先生以其特有的幽默和機智，拒絕了那位美國女士的請求，這樣既維護了那位女士的自尊，又避免了一些不必要的麻煩。

拒絕是一門藝術，一門學問，很能體現一個人的綜合素養。當別人對你有所希求而你辦不到，不得已要拒絕的時候，你的語言不要太生硬，要用婉言拒絕的方式拒絕。所謂婉言拒絕，就是用溫和、曲折的語言表達拒絕的意思，不要損傷別人的自尊心，要講究藝術，要給對方找一個臺階，給對方留有餘地。與直接拒絕相比較，它更容易讓人接受。因為委婉的話語在更大程度上顧全了被拒絕者的尊嚴。你可以嘗試從以下幾個方面做起：

一、不要馬上拒絕

想都不想就拒絕，你會被人認為是一個冷漠無情的人，更有可能讓對方認為你對他有成見。所以要先重複一兩句別人的意見，讓他知道你留心想過他的意見，然後可以輕輕帶過說：「你的意見不錯，但⋯⋯」讓別人知道你拒絕的意思，語氣又不顯得太強烈，「但」字在此時是最好的連接詞。

二、不要無情地拒絕

表情在拒絕時有著最關鍵的作用。守舊派也許會認為表情冷漠是「權威性」拒絕的應有表現。可是這種舉止只會讓人覺得你拒人千里，因「拒絕」而「拒絕」。

三、面帶微笑地拒絕

拒絕是不能避免的，我們不可能滿足別人的全部要求，可是太多的「拒絕話」會影響你跟對方的友誼，你的辦事能力也會受到質疑。拒絕時一定要將眼光放遠一點，不要因為一次拒絕而失去朋友。在拒絕的時候，要面帶微笑，態度莊重，讓別人感受到你對他的尊重，從而欣然地接受你的拒絕。

四、有建設性地拒絕

不要總是想著別人的意見不可採納，一定要盡可能快地將思維轉換過來，可以提出一些新的想法。提出建設性的意見可以說是最積極的「拒絕」方案。

五、不要傲慢地拒絕

一個盛氣凌人、態度傲慢、不敢恭維的人，誰也不喜歡接近他。即使這樣，當他求你幫忙的時候，你也不能用傲慢的態度拒絕，因為誰都不願意面對傲慢的人。

第四輯　前慮不定，後有大患

「敬」小人，親君子

> 俗話說「明槍易躲暗箭難防」，在我們的生活中總會遇到「君子」和「小人」，我們應該盡量遠離這些「小人」。當我們不可避免地與「小人」接觸時也一定要尊重他，以免招來嫉恨。

君子跟你講道理，小人暗中算計你

俗語說「明槍易躲，暗箭難防」，小人對別人的打擊報復通常都是屬於「暗箭」這一範疇的，低劣的特質和偽裝的本能決定了就連報復別人他都不可能光明正大。光明正大有違小人的本性，這樣的做事方式會使他產生類似於蝙蝠撞見白晝一樣的不舒服、不適應的感覺。

做人之所以要提防小人，是因為小人的打擊報復不但來得陰暗，而且不達目的絕不罷休。一次不成，小人很快就會醞釀出第二次、第三次，而且一定比第一次更陰險、更凶猛，你縱有三頭六臂恐怕也抵擋不了這層出不窮的折騰，就算一時正氣壓倒了邪氣，也很快會發現自己逃得了初一逃不過十五，最後不得不悲嘆小人實在難防。

君子不畏流言不畏攻訐，因為他問心無愧。小人看你暴露了他的真面目，為了自保，為了掩飾，他會對你展開反擊。也許你不怕他們的反擊，也許他們奈何不了你，但你要知道，小人之所以為小人，是因為他們始終在暗處，用的始終是不磊落的手段，而且不會輕易罷手。別說你不怕他們對你的攻擊，看看歷史的血跡吧，有幾個忠臣抵擋得住奸臣的陷害？

「敬」小人，親君子

天寶年間，李適之與李林甫同朝為相，李適之性格豪放，心比較粗，有時遇事考慮不周。口蜜腹劍，以陰險著稱的李林甫常利用李適之，在玄宗面前爭寵。

有一次，李林甫對李適之說華山上有金礦，如果開採冶煉，可以富國，聖上現在還不知此事。這顯然是李林甫預設的圈套，李適之稍微動動腦就會察覺出李林甫別有用心。李林甫身為執政宰相，既知華山有金礦，就應直接向玄宗說，哪裡還用李適之轉達呢？

李適之卻不假思索，就在幾天後借進奏他事的機會順便提起此事。

玄宗聽後，召見李林甫詢問此事，李林甫很恭敬地回答說：「華山有金礦，我早就知道了，但考慮到華山是王氣所在，不應該開鑿，不然就壞了本朝風水，所以始終也沒向您說起此事。是誰向陛下提起此事呢？此人要鑿您的本命之山，居心何在？」

玄宗聽了，覺得還是李林甫最忠實於自己，事事替自己著想，很高興地褒揚了幾句。同時覺得李適之考慮事情不周到，事後對李適之說：「從今以後，如果再有什麼事上奏，先去和李林甫商量商量，他同意了你再上奏。」

從此，李適之再也無法越過李林甫直接去覲見玄宗皇帝了，也因此逐漸失去了皇帝的信任。

當年趙高要陷害李斯，就故意裝出一副悲天憫人的樣子對李斯說：「現在各地群盜蜂起，天下大亂。可是當今皇上卻一味地吃喝玩樂，不理國政。我本想勸諫皇上，可我的官位小，說話並不為皇上所重。您身為丞相，這正是您分內的事，您為什麼不勸諫呢？」

李斯聽了哭喪著臉說：「可不是嘛！我早就想進宮勸諫，可是皇上天

第四輯　前慮不定，後有大患

天深居宮中，傳個話進去都辦不到，見皇上就更辦不到了。」

趙高故作親切地說：「如果您真想勸諫，我幫您找個機會。趁皇上閒著的時候您到宮門外求見，我捎信給您時您立刻過來。」

李斯很感激他。

趙高經常在宮中侍奉皇上。當皇上和宮女們玩得熱火朝天的時候，趙高派人去通知李斯來求見。李斯急匆匆來到宮門外求見。皇上玩得正起勁，聽到李斯求見，就不耐煩地說：「我玩得正高興呢，告訴他先回去吧！」

就這樣，皇上一玩到高興的時候趙高就通知李斯來求見，連續三次都是如此。

皇上非常生氣，對趙高說：「我平時常有閒著的時候，丞相不來求見，偏要等我玩到高興的時候，掃興。這明明是認為我年輕瞧不起我嘛，真是太不像話了。」

趙高見皇上動了氣，便乘機大進讒言，詆毀李斯，最後以謀反的罪名除掉了李斯。

君子坦蕩蕩，用心於正，疏於防備；小人長戚戚，用心於邪，暗施詭計，讓人防不勝防。君子布陣鳴號角出去，小人夜戰施煙火突襲。在日常生活中，我們一定要小心提防身邊的小人，一旦中了小人的圈套為其利用，後悔就來不及了。

牽著小人的腿，堵住小人的嘴

在生活和工作中，我們都難免會碰到無事生非的人、製造謠言的人、嫉賢妒能的人、偏聽偏信的人，以及各種以權謀私、以勢壓人、欺

「敬」小人，親君子

騙虛偽的事。也許你確實是與人為善，但是你的善未必能換回來善。

人們在碰到不盡如人意的人和事以後常常會感嘆世情的淡薄、人心的險惡，然而，應該如何應對這種險情呢？

查爾斯因為出色的能力非常受老闆器重。有一次，公司老闆派查爾斯到國外洽談一個重要合作專案。老闆說：「你還需要人手，公司職員儘管挑，到了那邊所有的事情你全權負責，事情辦好後少不了你的好處……」

查爾斯說：「別的要求我沒有，至於挑人，我就要傑克吧。」老闆吃了一驚。傑克的狡猾和貪婪大家有目共睹，喜歡搶風頭、爭功名更是出了名的，動不動就在背後說別人的壞話，總之，他是一個十足的小人。可是為什麼查爾斯還要和他一起工作呢？

查爾斯對迷惑不解的老闆說：「這次談判對公司來說很重要，我在外需要公司內部提供大量可靠的資訊和全力的支持，如果其中的任何一環出了問題，事情就會搞砸。本來傑克就插手了這件事，現在難保他不眼紅，若他暗中作梗，豈不壞了大事？而如果我把他放到眼皮底下，派他點用場，分他點功名，就能堵住他的嘴。再說他還是很精明的，並不是一無是處……」

老闆聽後明白了查爾斯的深遠用意，連稱高明。

許多正直的人不屑於和小人為伍，但最後卻栽倒在這些小人手上，甚至一敗塗地。你越是正直，小人越是嫉恨你，因為你的「正」突顯了他們的「邪」。因此，對他們你不僅不能不屑一顧，還要「高度重視」，寧可冒犯十君子，也不要得罪一小人。

首先，要善於辨別小人。小人有一個最大的特色：不守正道，手段

099

第四輯　前慮不定，後有大患

邪惡，目的卑鄙。他們要麼挑撥離間，製造事端；要麼落井下石，幸災樂禍；要麼拍馬奉承，欺上壓下；要麼好大喜功，搶人風頭；要麼陽奉陰違，表裡不一；要麼推諉責任，善找替死鬼……整體說來，小人不講法、不講理、不講情、不講義、不講德。

其次，不要和小人深入交往。沒有十足的把握，不要輕率地攻擊和揭發他們，因為小人往往斤斤計較，會不擇手段地報復。和小人說話也要加倍小心，個人隱私、對他人的抱怨和對上司的指責不要對小人說，因為這些有可能成為他們「修理」你的證據。不要試圖和小人講理，即使你吃虧了，也要大度一些，因為和他們有理也講不清，弄得不好就會結下深仇大恨。和他們在經濟上的來往也應該避免，因為他們會沒有任何理由地要求你與之分享成果，而一旦他們即將失去利益，則會把責任和損失都嫁禍於你。

小人當了官，想法保平安

為大唐中興立下赫赫戰功的唐朝名將郭子儀，不僅在戰場上連連得勝，得心應手，而且在待人接物中，還是一個特別善於對付小人的高手。

「安史之亂」平定後，立下大功並且身居高位的郭子儀並不居功自傲，為防小人嫉妒，他反而比原來更加小心。有一次，郭子儀正在生病，有個叫盧杞的官員前來拜訪。此人乃歷史上聲名狼藉的奸詐小人，那個時候並不得志，地位並不高，是一個小官。他心術不正，相貌又奇醜，生就一副鐵青臉，臉形寬短，鼻子扁平，兩個鼻孔朝天，眼睛小得出奇，世人都把他看成個活鬼。正因為如此，一般婦女看到他這副尊容都不免掩口而笑。郭子儀聽到門人的報告，馬上下令左右姬妾都退到後

堂去，不要露面，自己獨自等待。

盧杞走後，姬妾們又回到病榻前，問郭子儀：「許多官員都來探望您，您從來不讓我們迴避，為什麼此人前來就讓我們迴避呢？」

郭子儀微笑著說：「你們有所不知，這個人心術不正又很聰明，也很會巴結，不能得罪，但他的相貌極為醜陋，萬一你們看到他忍不住失聲發笑，他一定會嫉恨在心，如果此人將來掌權，我們就要遭殃了。」後來，這個盧杞當了宰相，果然極盡報復之能事，把所有以前得罪過他的人通通陷害掉，唯獨對郭子儀比較尊重，沒有動他分毫。

可以說，郭子儀的一生能夠平平安安地度過，與他「敬」小人的處世哲學有很大關係。我們沒法消滅身邊的所有小人，也不必疾惡如仇地和他們劃清界限，只要「敬」他們便能避開小人的打擊報復，因為他們最需要的是自以為的自尊和面子。

不管你要做一個什麼樣的人，都難免會遭遇小人。小人道德卑下，手段無恥，為公理所不容，為千夫所怒指，凡是正常人都看不起小人，但幾乎所有的人又都畏小人如洪水、如瘟疫，有時寧願討個膽小怕事的罵名，也一定要繞路而行，生怕招惹了橫行無忌的小人。

小人之所以不可得罪，其原因就在於小人內心深處強烈的報復欲望。小人的報復欲望已不僅僅是針對某一個人、某一件事，而是面向全體的一種心理傾向，這種傾向強化了小人對妨礙其謀利者的打擊力度。

同時，小人在本質上又是膽小的，他行為方式的不合理性、無道德性常常令他擔驚受怕，他在對別人施以打擊、報復之後又時時害怕別人對他報復的報復。為了消除這種憂慮的根源和潛在的威脅，小人注定要連續不斷地傷害別人，窮追至天涯海角也要令其付出多倍的代價。

第四輯　前慮不定，後有大患

　　我們之所以怕得罪小人，就是怕他的打擊報復，怕他在打擊報復之後仍然像無賴一樣糾纏不休、騷擾不止。說人們太窩囊、太忍讓也罷，說人們太膽小、太神經質也罷，總之人們確實是沒有這般時間、這般口舌、這般心力去和小人死纏爛打，正如同偶爾看看摔跤比賽的觀眾最好別去挑戰專業摔跤師一樣，在想不出更好辦法的情況下，還是盡量地躲避著、容忍著小人吧！

大學畢業生，學點社會經

　　一位應屆畢業生剛入職一家電腦公司，他對很多事情都不太了解，大家都很忙，也沒有人有空協助他。就在他不知如何是好的時候，有位行政職員非常熱心地照顧他，兩人成了好朋友。日子一久，他發現這位職員的牢騷愈來愈多。一開始，他只是傾聽對方的牢騷。後來，工作一忙碌，壓力一大，難免有一些情緒，於是也開始罵起公司和主管。他心想，反正對方也罵公司，所以就很放心地不時吐吐苦水。

　　有一天，人事主管找他，問起他罵公司的事情。他嚇了一跳，只好死不承認。

　　他離開了這家公司，臨走前，一位資深員工偷偷地指著那個行政職員對他說：「你不知道他和你所學的專業相同嗎？」

　　他這才恍然大悟，原來自己中了暗箭了！

　　俗話說明槍易躲，暗箭難防，初入社會的你對於小人的這種伎倆難免手足無措，那麼如何對付這種鬼伎倆呢？

　　既然是暗箭，當然不會當著你的面「射」過來，而是「射」在你背後。例如在你不在場的會議上，對方把做錯事的責任推到你身上，而你

是從老闆、上司或其他同事口中得知此事，記著，萬萬忍不得！將事情的真相告訴對方，擺明態度和澄清聲譽，這樣，別人才看得出你的應變能力、處事態度和真正才幹，至於事情的對與否，已經不再重要，你肯定可以贏這一仗。

對於出言中傷你的人，又應如何對付？

答案是面對面質詢。但不要在辦公室裡與其對罵，邀他出來午膳吧。直接問對方：「老闆告訴我，上次開會，你曾指出是因我做事不力，以致弄垮了任務，是嗎？」

若對方直認不諱，你還要問下去：「那麼，請你告訴我錯在什麼地方？」然後針對他所提出的逐一擊破，要他顏面無存。

若對方矢口否認，大可一笑道：「不知是老闆糊塗，還是特意讓我們不和呢？」對方心知肚明，便不敢造次。

別人要害你不會事先告訴你，因此要「防人」真的很難。有自己的一套想法，把所有的不滿或意見，全當作耳旁風，依然我行我素——如此態度，最要不得，自欺欺人永遠不會有進步。

那麼應該怎麼做呢？

首先是「鞏固城池」。讓人摸不清你的底細，實際上的作為便是不隨便露出個性上的弱點，不輕易顯露你的欲望和企圖，不露鋒芒，不得罪人……別人摸不清你的底細，自然不會隨便利用你、陷害你，因為你不給他們機會。兩軍對陣，虛實被窺破，就會給對方可乘之機，「防人」也是如此。

其次是「阻卻來敵」。兵不厭詐，爭奪利益時也不厭詐，因此對他人的動作要有冷靜客觀的判斷。凡是異常的動作都有異常的用意，把這動

第四輯　前慮不定，後有大患

作和自己所處的環境一併思考，便可發現其中祕密。

當然，勿讓暗箭困擾自己，才不致讓那些另有圖謀的人奸計得逞。

由單純的學校步入社會之後，多多少少會因為一些利益問題，變得不再那麼單純，但是，絕對要保持清醒，千萬不要受到暗箭的影響，讓剩下的純真善良變得混沌不明。

守住「祕密」，為自己留一方淨土

> 每個人都有自己想深埋在心底的祕密，不要將自己所有的故事向他人傾訴。一旦傾訴，這個祕密將不再是祕密。

酒後吐真言，年終被裁員

豹寫給兔子一封信，信中說：「兔子，以前是我不好，把你嚇得四處躲藏。最近，我好好反省後才知道自己實在是太過分了。如果你能既往不咎，我願意向你賠禮道歉。另外，我從國外帶回來一大包鮮草，如果你和你的家人能夠享用，這將是我莫大的榮幸。聽說你有三棟漂亮的別墅，如果你能原諒我，我願意帶上禮物參觀你富麗堂皇的住處……」

兔子看完信後，心裡很高興。既然豹有這個誠意，自己就寬容一些吧。牠立即回信，邀請豹來家做客。豹果然帶來了一包進口的鮮草。兔子帶著豹參觀自己的三處別墅，並對豹說：「別人都說『狡兔三窟』，這是我們防身的祕密呀！你千萬不要讓別人知道這個祕密，要不然，我一家老小十幾口就要遭受滅頂之災……」

還沒等兔子說完，豹就把兔子生吞活剝了，分散在其他兩處別墅的家人也成了豹一個月的美食。

兔子悲慘的命運實在是咎由自取，明明知道這是攸關牠全家性命的祕密，卻還是明明白白地透露給了豹。但是，這種現象在我們的生活中並不少見。最後，深受其害的人就是他自己。

第四輯　前慮不定，後有大患

　　與人相處，不要把自己過去的事全讓人知道，特別是那些不願讓他人知道的個人祕密，要做到有所保留。向他人過度公開自己祕密的人，往往會吃大虧。因為世界上的事情沒有固定不變的，人與人之間的關係也不例外。今日為朋友，明日成敵人的事例屢見不鮮。你把自己過去的祕密完全告訴別人，一旦感情破裂，反目成仇或者他根本不把你當作真正的朋友，他還會替你保守祕密嗎？

　　也許，他不僅不為你保密，還會將所知的祕密作為把柄，攻擊、要挾你，弄得你聲名狼藉、焦頭爛額。那時，你後悔也來不及了。

　　盧新是一個公司的職員，他與他的好朋友周宇無話不談。一次，藉著酒興，盧新向周宇說了自己不為人知的祕密。盧新年輕時，與別人打群架，砍傷了別人，結果被判了兩年刑。從監獄出來後，他改過自新，重新做人，考上了大學，進了現在的這家公司工作。

　　到了年底，公司的效益不佳，準備裁員。盧新和周宇從事同一工作，這個位置只能留下一人，但論實力，盧新要比周宇略勝一籌。

　　沒過多久，公司的同事都知道盧新坐過牢，大家對他的印象也大大降低了。誰願意跟一個坐過牢的人共事呢？結果盧新被裁掉，周宇理所當然地留了下來。

　　每個人都有自己的過去，都有一些不為人知的祕密。朋友之間，就算感情再好，也不要隨便把過去的事情、自己的祕密告訴對方。守住自己的祕密是對自己的一種尊重，是對自己負責的一種行為。羅曼·羅蘭（Romain Rolland）說：「每個人的心底，都有一座埋藏記憶的小島，永不向人開啟。」馬克·吐溫也說過：「每個人像一輪明月，他呈現光明的一面，但另有黑暗的一面從來不會讓別人看到。」

守住「祕密」，為自己留一方淨土

如果你是職場中人，而且將自己的祕密告訴了同事，在關鍵時刻，他很可能跟周宇一樣，把你的祕密作為武器回擊你。

千萬記住不要把同事當心理醫生。比如，要好的同事可能會問你：「最近和你男（女）朋友的關係怎麼樣啊？」你可以簡而言之「還可以」。對方可能只是出於善意地關心，你最好也點到為止，不必進一步解釋，識大體的同事也不會問下去。

無論是辦公室、洗手間還是走廊，只要在公司範圍內，都不要談論私生活；不要在同事面前表現出和上司超越上下級的關係；即使是私下裡，也不要隨便對同事談論自己的隱祕思想；如果和同事成了朋友，不要常在其他同事面前表現得太過親密，對於涉及工作的問題，要公正，不拉幫結派。有些同事喜歡打聽別人的隱私，對這種人要「有禮有節」，不想說時就堅決而禮貌地說「不」。不要把分享隱私當成建立同事關係的途徑。同事也是由形形色色的人組成的，都有著善良和心計。我們不妨換位思考一下，站在同事的角度想一想，也許更能理解為什麼有些話不能說，有些事不能讓別人知道。全面地看待問題，會幫助你知道什麼該說，什麼不該說。

要知道，祕密只能獨享，不能作為禮物送人。將祕密告訴朋友，一旦你們的感情破裂，你的祕密就會人盡皆知，受到傷害的人不僅是你，還有祕密中牽連到的所有人。

儘管對好朋友應該開誠布公，但這不表明不能有自己的祕密。「不相信任何人和相信任何人同樣是錯誤的。」不相信任何人，就會自我封閉，永遠得不到友誼和信任；而相信任何人則屬於幼稚無知，終歸會吃虧上當。兩者都不可取，你應該永遠記住：祕密只伴隨自己，千萬不要廉價地送給別人。因此，與人交往時，你要避免衝動和談話時間過長，

第四輯　前慮不定，後有大患

做好必要的防範。

保護隱私，是為了讓自己不受傷害，也是為了更好地工作。不過，不要把過去的事全讓人知道並不等於什麼都不說。我們沒必要草木皆兵，若對一切問題都三緘其口，很容易讓人覺得你不近人情。有時有保留地跟朋友說說自己的過去也無妨，比如說說你小時候讀書上學之類的無關緊要的事情，或者拿自己的缺點自嘲一把，或和大家一起開自己無傷大雅的玩笑，這會讓人覺得你有氣度、夠親切，可以增進了解，加深感情。

因繪畫相愛，因洩密失敗

德軍正準備發動進一步的進攻，這次的目標是 S 國的一個重要城市，如果成功攻占，希特勒稱霸全球的野心將進一步膨脹。

行動計畫在最隱祕的情況下制定，世界上最高明的間諜都無法獲得任何情報。

一天，德軍最高作戰部機要祕書彼格，在小酒吧中遇見了年輕貌美的女畫家迪絲小姐。對藝術非常狂熱的彼格與女畫家一見如故，兩人從喜愛的畫家到繪畫流派都是如此相似，甚至生活中的很多細節都有相同之處。

兩天之後，二人便墜入愛河。迪絲表示將把自己的愛和藝術都獻給彼格。

共同的理想和興趣使二人無話不談，從人生到愛情、從生活到工作，對他們來說，任何隔閡都不復存在。

戰爭開始了，德軍遭到了嚴重打擊，很明顯，對方清楚地知道德軍

的行動計畫。誰洩露了機密呢？

不久之後，軍事法庭審判了機要祕書彼格，原因是他把最高機密透漏給了Ｓ國女特務迪絲小姐。

一見如故是初次見面的人習慣使用的一句話，意思是，雖然是初見面，可是彼此感覺好像已經認識很久了。

能遇到一見如故的人是人生中的一種幸運，因為彼此可以省略試探這個過程，可以直接進到交心的層次。可是以世故做人的經驗來看，一見如故雖然幸運，但有時也是不幸的開始。

在人性叢林裡，人會呈現多面性，在不同的時間、在不同的刺激下善與惡會以不同的面貌出現。也就是說，本性屬惡的人，在一些狀況之下會出現善的一面；本性屬善的人，會因為一些狀況的催化而出現惡的作為。而且，什麼時間什麼地點出現善與惡，自己都無法預測和掌握。比如，一個一輩子循規蹈矩的正人君子有可能因為一時缺錢而忽然出現惡念，這是他過去所不敢想像的事情，可就是發生了，連他自己都感到不解。

所以，當一個人和你初次見面，而且熱情地說和你一見如故時，你可以不拒絕他的熱情，甚至也可回他一句一見如故！但你要理性地看待這句話，思考一下這句話的真正意義，因為這可能只是一句客套話，也可能是一顆裹上糖的毒藥，他是要透過溫情拉近和你的距離，好從你的身上獲得一些利益。

如果這只是一句客套話，你的熱切回應不但無法對對方產生效用，自己還會因為對方的冷淡而受到傷害，更有可能暴露了自己，給了有心人可乘之機。最有可能的是，你把對方嚇跑了！如果對方真的另有所

第四輯　前慮不定，後有大患

圖，你的熱切回應，恰是自投羅網，結果也就不言而喻！

因此，當別人對你說一見如故這句話時，你應該：

一、想想自己聽到這句話後有沒有因為這句話興奮、感動，如果有，就馬上澆熄、撲滅這些興奮和感動，免得自作多情或自投羅網。

二、如果對方的一見如故還有後續動作，你就應該與他保持一種善意的距離，保持距離的目的是檢驗對方用心的真偽，以免自己受傷。

三、如果對方和你都感到一見如故，這是最危險的狀況，你應該立即向後退，以免引火上身，否則會因太接近而彼此傷害，葬送有可能好好發展的友情。如果一見如故只是一方一廂情願，話不投機半句多，就不要花心思在這上面了！

當然，如果雙方一見如故，也都理智地各取所需，那就另當別論了！還有些人不說一見如故，而是直接用行動表示，這種人你也最好與之保持距離。

一見如故中，一些人常會摻雜很多奉承的語言，這很容易迷亂一個人的判斷，最難抗拒，卻也最應該提防！因此，當聽到這類話語時，你就要提高警覺了！

第五輯
方圓做人，圓滿做事

昧者知其一不知其二，見其所見而不見其所不見，故於事鮮克有濟。唯智者能柔能剛，能圓能方，能存能亡，能顯能藏。
舉世懼且疑，而彼確然爲之，卒如所料者，見先定也。

——《呻吟語》

第五輯　方圓做人，圓滿做事

堅持原則，處世隨和

> 生活在這紛繁的世界，做人真的很難，要做到人人喜歡更難。我們應該懂得為人處事的「方圓」之說：方，是人格的自立，是我們所堅持的原則；圓，是處世的錦囊，是對待事情要知變通。方圓做人，八面玲瓏；圓滿做事，事事順心。

紀曉嵐執拗被關，和珅通達自保

《菜根譚》裡有這樣一句話：建功立業者，多虛圓之士；僨事失機者，必執拗之人。其意思是說，能夠建立功勳成就大業的人，大都是處世謙虛圓通的人；而那些喪失機會導致失敗的人，必定是脾氣固執任性的人。

我們經常抱怨做人難，難做人。生活在這紛繁的世界，做人真的很難，要做到人人喜歡更難。縱觀世界歷史，大凡能成就偉業者，無不深知做人之道，知道做人何時應該進，何時應該退，何時應該發脾氣，何時應該深藏不露，知道為人處事的「方圓」之說。

方圓做人，八面玲瓏；圓滿做事，事事順心。圓是處世的錦囊，是聰明者適應社會、協調乾坤的行為準則；方是人格的自立，是自我價值的體現，是壯士立志平天下的思想氣度、做人的脊梁，是對人類文明的孜孜以求，是對美好理想的堅定追求。

圓是以萬變應不變，方是以不變應萬變。有圓無方則不立，有方無圓則滯泥。做人要外圓內方，辦事要剛柔相濟，交友要有所選擇，說話要恰到好處，溝通要講究技巧，處世要樂觀豁達。人立於世，必得在社

會上行走，少不了要和人打交道。為人處事無方，會使你到處碰壁、寸步難行；為人處事得法，會使你柳暗花明、事半功倍。

那些成大事者，多是方圓通達、謙虛、圓融的人，能結交朋友，開拓交往層面，還可以應變世事，抓住轉瞬即逝的機會。在危難時刻，他們總能把做人的機智技巧運用到淋漓盡致。有些固執、剛愎的人，不管不顧、自私自利、固執己見、走路不知轉彎，結局一定是頭撞南牆，這種人一定是不受歡迎的人，也是做人失敗的人。

清朝雍正時期的田文鏡，是個有名的「鐵公雞」。他辦事一絲不苟，事無鉅細，但他的方式實在有些讓人受不了，都是硬的。這樣一來，朝中便沒有什麼人與他交好。與他同朝為官的李衛則不同。他辦事同樣是一絲不苟，事無鉅細，但他懂得方圓兼用，軟硬兼施，剛柔並濟，其實這才是最好的為官之道。

方是田文鏡的處世為官之道，他只以不變應萬變，好比刺蝟。而李衛則兼收田文鏡之剛硬，外加狐狸般的圓通，因此，官路比較順達。

乾隆時期，紀曉嵐幾次被皇帝關進大牢，而這一切僅僅是因為紀曉嵐太好直言進諫。和珅，可以用老奸巨猾來形容，處世極其微妙，四面討好，卻又不失方的威嚴。儘管他也有幾次差點被皇帝關進大牢，但他都能巧妙地周旋過去，一方面是因為他在皇帝面前說好話，突顯圓的作用，另一方面是他在改正自己的錯誤時，非常嚴肅，不疏忽任何一個細節，這樣，方的威力又大放光彩。

中庸性格，能夠把圓和方的智慧結合起來，做到該方就方，該圓就圓，方到恰到好處，圓到恰到好處。「中庸」二字，現在並不難理解。一個圓的中心是它的圓心；一個四邊形的中心是它對角線的交叉點；一百里的路途，走到五十里時，就到了中點。但在現實中，中庸要比這複雜多了。

第五輯　方圓做人，圓滿做事

宋代程頤這樣解釋：「不偏之謂中，不易之為庸。中者，天下之正道；庸者，天下之定理。」中庸裡的中，就是不偏不倚，過猶不及；庸，就是平常、平庸。

孔子是一個處世大師，他不及顏回仁德，但可以教顏回通權達變；他不及子貢有辯才，但可以教子貢收斂鋒芒；他不及子路勇敢，但可以教子路畏懼；他不及子張善交，但可以教子張隨和。孔子具備了他們各人的長處又避免了他們的短處，他之所以勝過別人，關鍵就在中庸之道。

荀子也深知中庸之道，他認為：對待血氣方剛的人，就使他平心靜氣；對待勇敢凶暴的人，就使他循規蹈矩；對待心胸狹隘的人，就擴大他的胸襟……總之，一切以中和為尺度。

「方圓」之說告訴我們處世要靈活，我們運用的時候也要因地制宜，隨機應變。《菜根譚》中說：「處治世宜方，處亂世當圓，處叔季之世當方圓並用；待善人宜寬，待惡人當嚴，待庸眾之人當寬嚴互存。」意思是：居處太平盛世，待人接物要端正剛直；居處動盪不安的亂世，待人接物要圓滑婉轉；而處在行將衰亡的末世，待人接物就必須剛直與圓滑並用了。對待心地善良的人要寬容仁慈，對待奸邪的惡人要嚴厲，而對待平庸的人則要寬嚴並施。

這是古代知識分子為人處事的一種典型方式。在政治清明的時代，因為施行的是大公無私的善政，所以即使剛正嚴直地談論時政、針砭時弊，也不會受到任何政治迫害；但如果處在亂世，就必須要講求圓滑，懂得明哲保身，注意自己的一言一行，否則口不擇言就可能招致殺身之禍。

由此可知，做人要懂得如何進退應對，既要見機行事又不能失去君子坦蕩的風範。一個人不能空懷滿腔熱情不顧實際情況自顧自地施展抱

負，這樣只能碰一鼻子灰。待人要因人而異，隨機應變，萬不可不知變通，使自己不知不覺走入死胡同，處於騎虎難下、進退兩難的境地。

在治世中生活，行為要保持方正；處在亂世時，態度一定要圓滑；處於末世，就要方圓並用了。這是因為在太平盛世時，大道得以通行無阻，所以可以放心地依道而行。但身逢亂世，正道不再通行，如若做人不夠圓滑，便會招來不幸。方正的言行，原是無可厚非的，但在動盪不安的時候，還不曉得明哲保身而身陷危境，就未免太不聰明了。

成功並不只靠運氣和匹夫之勇。如果我們能不急不躁，不偏不倚，不左不右，不上不下，可進可退，可方可圓，內心深處堅持道德原則，絕不讓步，外在又靈活機動、處世隨和，那麼人與人的關係就可能融洽，成功就能離我們更近。

羅斯福巧答朋友問

在生活中，在事業上，當我們遇到無理的要求、指責、刁難或者挑釁時，可別忘了以其人之道，還治其人之身，將球直接踢回給對方；而如果自己不便出面，或力量對比懸殊而難以將問題擋回時，就要將難解的問題傳給他人。如此，事情便可輕鬆化解了。

這是現實生活中常見而且非常有用的一招。當有人將難題向你推過來時，能夠接招最好，不能接招就將這「球」踢回給對方，不能踢回的也可順勢傳給他人。如果既不能踢回給對方，又沒有轉給他人，而是將這「燙手的山芋」留在手中，那由此而來的問題或麻煩，便只能落在自己身上。

一些大人物、成功人士，對於這種方法的運用都是嫻熟於心的。

羅斯福（Roosevelt）在當選美國總統之前，曾在海軍擔任過要職。

第五輯　方圓做人，圓滿做事

一天，一位朋友向他打聽海軍在加勒比海一個小島上建立潛艇基地的計畫。

羅斯福向四周看了看，壓低聲音問：「你能保密嗎？」對方答道：「當然能。」

「那麼，」羅斯福微笑著說，「我也能。」

這個球踢得再妙不過了。不管朋友怎麼回答，他所得到的都只能是一樣的結果。同時，這樣委婉含蓄的拒絕，輕鬆幽默的情趣，也不使朋友難堪。這樣一來，你的不便之處，朋友也能諒解。

生活中，這種尷尬難堪場面並不少見。在我們做事的過程中，不時會碰上別人出於種種用心想看你笑話，或者出難題給你，遇到這種情況，我們就要善於巧妙地把球擋回去。

將「球」直接踢回給對方，必能收到良好的效果。這是最簡單而有效的辦法了。有時候，如果不便將問題之「球」直接踢回去，而自己又限於條件不便處理時，最好的方法，便是將它轉給第三方了。像新聞採訪中記者聽得最多的就是這一類話語：

「我能回答的只有這麼多了，其餘的無可奉告。」

「這件事不在我們部門所管轄的範圍，你可以去找××部門問問。」

「有關這件事情的所有問題，你可以去問我的律師。」

英國著名作家蕭伯納寫的新劇本《武器與人》(Arms and the Man)首次演出大獲成功。劇終時，許多觀眾要求蕭伯納上臺，接受大家的祝賀。

沒料到的是，當他走上舞臺時，突然有個人衝到臺前，對他大聲喊叫：「蕭伯納，你的劇本糟透了！誰要看這戲！趕快收回去，停演吧！」

觀眾們大吃一驚，以為蕭伯納會氣得渾身發抖，憤怒抗議這個無理挑釁者。誰知道蕭伯納不但不生氣，反而彬彬有禮地向那個人深深地鞠了一躬，笑容滿面地說：「我的朋友，你說得很對。我完全贊同你的意見，但遺憾的是，我們兩個反對這麼多觀眾有什麼用呢？我們倆能禁止這個劇本的演出嗎？」

這下子引起了全場的哄堂大笑，緊接著是暴風雨般的熱烈掌聲。在掌聲中，那個挑釁者只好灰溜溜地走了……

倘若蕭伯納針鋒相對，直言對抗，儘管也能取勝，但絕不可能獲得如此簡潔有力的奇妙效果。因為，站在他背後支持他的觀眾是如此之多，如此強大，只要將挑釁之「球」傳給他們，這個「球」定會如泡沫般消失於人海之中，化為無形。

不好回答的話可說得含糊一點。

在生活中，我們經常會被夾在兩股勢力中間。當兩股勢力相爭得非常激烈的時候，它們都想得到我們的支持，要我們做出抉擇，這時如果一不小心，就可能招致滿盤皆輸。因此選擇時，我們最好明智一些，盡量留一條退路給自己，而「打太極」就是一種留退路的策略。

有這樣一個例子，一位外交官參加國際舞會時，與他共舞的美國女子突然問他：「請問您喜歡東方人還是西方人？」這個問題真不好回答，如果說喜歡東方人，就會得罪美國女子；如果說喜歡西方人，就是違心之論，還會貶低東方女性。

機敏的外交官回答道：「不論是東方人還是西方人，只要喜歡我的，我都喜歡。」這個機智的回答，避免了自己的尷尬。

含糊不清地回答刁鑽的問題，是明哲保身的方法，也是擺脫尷尬的良方。

第五輯　方圓做人，圓滿做事

未雨先綢繆，防患於未然

> 每件事情都不可能完全朝著自己預想的方向發展，可能會有預料不到的情況發生，不管是做人還是做事，我們都應該為自己多留一條路，增加自己立身的砝碼。

馮諼買義，孟嘗君受益

馮諼是戰國時代齊國人，經人介紹，成為孟嘗君的門客。馮諼到孟嘗君門下不久，孟嘗君詢問府裡的門客：「有誰能算帳理財，替我到薛地去收債？」馮諼自告奮勇請求前去。

臨行前，馮諼問道：「債款全部收齊後，需要買些什麼東西回來？」孟嘗君說：「看我家裡缺少什麼就買什麼。」馮諼乘馬車到薛地，召集那些應還債的百姓來核對借據。借據都核對完後，馮諼假傳孟嘗君的命令，把債款賜給百姓，燒掉借據，百姓齊聲歡呼「萬歲」。

馮諼馬不停蹄地趕回齊國都城，大清早就求見孟嘗君。孟嘗君見他這麼快就回來，覺得很奇怪，問道：「債款全收齊了嗎？用它買了什麼回來？」馮諼回答說：「都收齊了，我走的時候，您說看家裡缺什麼東西就買什麼，我覺得您府裡缺少的要算是義了，因此我私自做主，替您買了義。」

孟嘗君問：「買義是怎麼個買法？」馮諼說：「如今您只有一塊小小的薛地，卻不能撫育、愛護那裡的百姓，反而用商賈的手段向百姓取利息。我假傳您的命令，把借款賜給了百姓，並燒掉了他們的借據，百姓

齊聲歡呼『萬歲』，這就是我幫您買的義啊！」孟嘗君心中不高興，但臉上並不表現出來，說：「好吧，先生，算了吧！」

過了一年，齊王疏遠了孟嘗君，他只好回到薛地去住。走到離薛地還有一百里的地方，百姓扶老攜幼，在大街上迎接孟嘗君。孟嘗君對馮諼說：「先生替我買的義在今天總算看到了。」馮諼說：「聰明的兔子要有三個洞穴才能避免死亡。現在您只有一個洞穴，還不能高枕無憂呀！請讓我再為您營造兩個洞穴！」孟嘗君聽後大喜，隨即大手一揮，給了馮諼五十輛車子，五百斤黃金，讓其四處去行動。

於是馮諼便離開薛地，向西來到魏國。馮諼對魏惠王說：「齊國之所以能稱雄於天下，都是孟嘗君輔佐的功勞。今齊王聽信讒言，把孟嘗君放逐到諸侯國去了，孟嘗君必然對齊王不滿。先生若能接他來魏國，魏國在他的輔佐下，定能國富而兵強。」於是魏惠王空出相位，派使者帶著千斤黃金，趕著百輛馬車去薛城聘請孟嘗君。馮諼搶先回薛地囑咐孟嘗君不要急於去魏國。魏國的使者往返三趟，孟嘗君堅決推辭，不肯到魏國去。

齊王聽到魏國派遣使者請孟嘗君就任相位，深恐孟嘗君輔魏，齊國將會受到嚴重威脅，於是派遣太傅送去黃金千斤，彩車兩輛，佩劍一把，並帶上一封親筆信，向孟嘗君表示歉意，說：「寡人的運氣不好，遭受祖宗降下的災禍，被諂媚奉承之臣迷惑，得罪了您。寡人不值得一提，但希望您可否顧念先王的宗廟，暫且回到朝廷，治理萬民！」

馮諼告誡孟嘗君：「希望您向齊王求得先王傳下來的祭祀祖先使用的禮器，在薛地建立宗廟！」孟嘗君把在薛地建立宗廟的請求，讓太傅轉告齊王。齊王答應了孟嘗君的請求，恢復了孟嘗君的相位。馮諼親自去監督建立宗廟的事情。宗廟建成後，馮諼回去向孟嘗君報告說：「現在，

第五輯　方圓做人，圓滿做事

您的三窟已經建好，您可以高枕而臥了。」

後來，孟嘗君做了幾十年的宰相，沒有遭到災禍，正是由於有馮諼為他出謀劃策啊。

戰國亂世時代雖已過去，但是狡兔三窟的處世策略並未失效。可以說，在任何時代任何時候，它都有一定的效用。狡兔三窟，不單可以在身處的環境、事業中經營，甚至還可以用於自己身上。對自己的言行習慣、內在性格方面用些心思，加以掩飾或者不時改變，這一點，或許一般人難以做到，但對那些處於激烈競爭中，謀慮深遠者而言，卻也不足為奇。

多經營一條門路，便是多一份資源，自然在無形中也增加了自己立身處世、成就事業的砝碼。總之，在做人做事中，留點心眼，試著經營兩三條自己立身或藏身的門路。

為留後路保身，曹操兩次殺人

開車，你要有備用鑰匙；銀行裡應有一些存款。戰場統帥從來都要為自己預留一個撤退的方案，我們也應該預先為自己留條退路。一個人做事不留餘地，眼前看起來雖然占盡了便宜，長遠來看卻是最大的輸家。

幫自己留一條屬於自己的後路。後路包括藏起一個存錢罐，雖然裡面只有幾塊錢，但你將來或許要靠這幾塊錢東山再起；後路也包括一棟法律意義上並不在你名下的房子，能讓你有個地方獨自療傷，恢復元氣；更包括一個並不經常來往，但很仗義，而且你也給過他很多幫助的朋友，他可以在關鍵時候收留你，陪你喝酒，而這樣的朋友一生中你能遇

到一個也已經很幸運了。

這個世界遠非你想像中那麼簡單，做人做事，不妨先幫自己加一個「保護層」。

創業前輩告訴我們：創業之初，最好先去打工解決吃飯問題，之後再考慮創業問題。這樣，便可以解除後顧之憂，為自己留出一條可進可退之路。一方面努力累積原始資金、技術和各種經驗；另一方面如果創業籌備失敗，還有一份工作可以維持生活。

創業就不要怕吃苦。一邊工作，一邊籌辦創業事情，雖然比較辛苦，但這份工作卻是我們創業時期很重要的一個保障。要知道，比爾蓋茲在微軟成立之初，也是靠幫別人打工來維持生活的。

在正式開始事業之後，要盡可能地分散風險。投資多樣化，經營多元化，調整風險專案投資比重，可以分散風險。此外，還可利用分開投資時間，錯開投資週期的辦法分散風險。創業之初的註冊也是如此，個人獨資要承擔無限責任，但幾個人共同投資，就是有限責任，就能分散風險。

不但創業的時候要給自己留條後路，功成名就後，為了維護自己的利益也要做到有備無患。

三國時期的曹操是個老奸巨猾的謀略家，此人精通權術，詭計多端。

他深知留一手的妙處，為了防止部下做出對自己不利的行為，就告訴周圍的侍從說：「在我睡覺時，你們不能隨便靠近我，靠近了，我就會殺人，並且渾然不知，所以當我熟睡時，你們不要靠近我。」

有一天，他假裝睡著了，有一個好心的侍從看見他蓋的被子掉了，

第五輯　方圓做人，圓滿做事

就上前想給他蓋好，不料曹操突然坐起來，揮劍把侍從殺死了，接著又躺下睡覺。醒了以後他假裝不知地問道：「是誰把侍候我的人殺了？」自從這件事發生以後，他睡覺時，再也沒有人敢靠近他。曹操說：「要是有人想害我，我的心裡就有所感覺。」大家聽他這樣說，都將信將疑。

還有一次，曹操把他最寵信的侍從叫到身邊，對他說：「你懷裡藏把刀，悄悄地來到我身邊，我會說心裡有所感覺，要是抓你對你用刑，你只要不把這件事的實情說出去，保管對你不會有什麼損害，事成之後我還將重重地報答你。」這個侍從信以為真，所以被捕以後一點也不害怕，最後被曹操下令處死。這個人臨死前才知道上當，但為時已晚。從此以後，人們都以為曹操確實有這種遇危心動的本領，想謀害他的人也就不敢動手了。

在人際交往中，免不了會遇到出賣、故意中傷等料想不到的事情。如果事先預料這些事的發生，並加以防範，便能確保安然無恙。

唐朝郭子儀平安史之亂的事蹟已為人所熟知，但很少人知道，這位功極一時的大將為人處事卻極為小心謹慎，與他在戰場上叱吒風雲、指揮若定的風格全然不同。

唐肅宗上元二年（西元七六一年），郭子儀進封汾陽郡王，住進了位於長安親仁里的金碧輝煌的王府。令人不解的是，汾陽王府每天總是門戶大開，任人出入，與其他官員府第森嚴的情況截然不同。客人來訪，郭子儀無所忌諱地請他們進入內室，並且命姬妾侍候。有一次，某將軍離京赴職，前來王府辭行，看見他的夫人和愛女正在梳妝竟像使喚僕人那樣差使郭子儀遞這拿那。兒子們覺得父親身為王爺，這樣子總是不太好，一齊來勸諫父親以後分個內外，以免讓人恥笑。

郭子儀笑著說：「你們根本不知道我的用意，家裡吃公家草料的馬有五百匹，吃公家糧食的部屬、僕人有一千人。現在我可以說是位極人臣，受盡恩寵了。但是，誰能保證沒人正在暗中算計我們呢？如果我修築高牆，關閉門戶，和朝廷內外不相往來，假如有人與我結下怨仇，誣陷我懷有二心，我就百口莫辯了。現在我大開府門，無所隱私，不使流言蜚語有滋生的餘地，就是有人想用讒言詆毀我，也找不到什麼藉口了。」

幾個兒子聽了這一席話，都拜倒在地，對父親的深謀遠慮深感佩服。世事詭譎，風波乍起，非人所盡能目睹，有「心計」的人會主張立身唯謹，避嫌疑，遠禍端，凡事預留退路，不思進，先思退，滿則自損，貴則自抑，所以能善保其身。

第五輯　方圓做人，圓滿做事

做人知進退，做事留餘地

> 放別人一條生路，讓他有個臺階下，為他留點面子和立足之地。人海茫茫，卻常「後會有期」，你今天勢強不留任何餘地，等到他日你倆狹路相逢，如果那時他勢旺你勢弱，你就有可能吃虧，所以任何時候做任何事情都要留餘地。

別人道歉不接受，有理反而挨頓揍

一位女子走路時吐了口痰，痰被風刮到一位年輕人的褲子上，該女子看到後慌忙道歉，並從包裡掏出面紙要擦去年輕人褲子上的痰。但年輕人不依不饒，不肯讓她擦痰，並聲言：「妳給我舔掉！」

女子再三道歉：「對不起！對不起！讓我幫你擦好嗎？」但他執意不讓她擦，偏要讓她舔去，雙方爭執不休。街上圍觀的人越來越多，有人跟著起鬨打哨，但女子無論怎麼道歉年輕人也不原諒，非讓她舔掉不可。

最後女子大怒，從包裡掏出一沓錢來，有一兩千元，當場喊道：「大家聽著，誰能把這個傢伙當場擺平了這些錢就歸誰！」話音剛落，人群中閃出兩個健壯的男人，對著那年輕人一陣拳打腳踢。他被踢倒在地，不知東南西北，等站起來找那女子時，那女子和打他的人早已無影無蹤⋯⋯

俗話說「狗急跳牆，人急造反」，當一個人被逼到走投無路時，沒有

什麼事做不出來。如果你得理不饒人,讓對方走投無路,就有可能激起對方「求生」的意志,對方就有可能不擇手段,不顧後果,這將對你自己造成傷害。

如果留條退路給對手,對手也會留條退路給你。人性都有光明的一面,放他一條生路,他就不會傷害你。即使在別人理虧,你在理的情況下,放他一條生路,他也會心存感激,就算不知感激,也不太可能與你為敵。

人都有求生存求發展的本能,如果有百條生存之路可行,在競爭中斷去九十九條,留一點餘地給他,他也不會跟你拚命。倘若連他最後一條路也斷了,那麼,他一定會揭竿而起,拚命反抗。

如果說人際交往上為對方留下「臺階」,而贏得對方的好感和感激,不至於讓其懷恨在心的話,那麼在競爭場合為對手留下退路,就顯得更為重要了。人生和事業上的競爭對手,是一個人取得巨大進步必不可少的強大力量。對手會為我們帶來挑戰,數不盡的挑戰。也許你會厭惡這些挑戰,但正是這些挑戰,才促使我們變得強大,事業變得輝煌。

關於競爭對手,一位成功大師曾這樣說過:「他們能使我隨時警惕性格中的弱點,因為一旦出現漏洞,他們就會趁機破壞。由於我發現了敵人對我的價值,所以如果沒有敵人的話,我會覺得應該製造出一些敵人。他們將會發現我的缺點,向我指出這些缺點,而我的朋友,即使發現了我的缺點,也不會把這些缺點告訴我。」還有一位偉人更是語出驚人:「你百分之九十的成就是你的敵人促成的。」

競爭對手帶給我們的挑戰,給我們的壓力,使我們的潛能得以激發,讓我們的生命變得強大,事業得以圓滿輝煌。

第五輯　方圓做人，圓滿做事

　　一個真正相配的對手，是一種非常難得的資源。從某種意義上說，對手與自己相輔相成，競爭最激烈的時候，也就是雙方最輝煌的時候；一旦一方消亡了，另一方也會走向衰退，除非你能脫胎換骨，或者找到新的對手。若是沒有對手，沒有挑戰，人生就會變得平淡無奇，成功也不會顯得光彩輝煌。就像草原上沒了狼，羊群就會變得萎靡，變得更為軟弱無力。仔細想想，在自己的人生和事業當中，有多少朋友，能像我們的競爭對手那樣，替我們提供資源和力量？從這一點來看，我們應該像感謝朋友一樣感謝自己的對手，像珍惜朋友一樣珍惜自己的對手。

　　商場不是戰場，商場的競爭是多元化的，市場競爭的要義，只是爭奪消費者。誰能夠擁有更多的、熱心的、忠誠的消費者，誰才能夠立於不敗之地。市場競爭不是非得你死我活。對手失敗了，不見得你就成功；對手成功了，不一定你就失敗。有時候，競爭雙方是可以互利的，這就是所謂的雙贏、雙贏。

　　因此，在某種意義上，永遠不要試著去消滅你的對手，有時候更要樂於看到對手的強盛。對一個產業和企業家而言，最具危機感的不是對手的日益強盛，而是對手的衰落——在相當程度上，這預示著一個產業正走向夕陽，或市場競爭方式的老化。

　　在這種環境下，競爭對手之間可以拚個十二分激烈，卻不能拚個你死我活。這一次你若為競爭對手留了退路，放他一馬，他自會心存感激，希望能有機會給予回報；再相遇時，若你失手或敗退，他自然也會放你一馬，留條退路，或搭個援手，以報你上次的恩德。與其每一次大家都做冤家仇人，不如都寬容大度一些，為對方留條退路，搭個援手，以減少損失，共同開拓更大的市場。

　　那種對競爭對手咬牙切齒，不惜背後耍手段的人，不可能有什麼大

出息。你背後耍手段，人家也會背後陷害你，甚至公開與你為敵；你搞陰謀詭計，讓人家跌倒，人家爬起來後，東山再起，自然會伺機報復，以其人之道，還治其人之身，說不定什麼時候你也會栽在人家的手上。要知道，智者千慮，必有一失，誰又能保證事事防備嚴密，沒有失手敗退的時候？

你怎樣對待別人，別人就會怎樣對待你。這一條人際交往上的黃金定律，在任何場合都同樣適用。寬容別人，別人就會寬容你；為對方留下臺階，對方便會為你留下臺階，甚至搭橋鋪路；為競爭對手留條退路，對手也會為你留條退路。因此，寬容別人就是寬容自己，為別人留下臺階或退路，也就是為自己預留臺階或退路。

玉杯被打碎，上司不怪罪

洛克斐勒對兒子說：「走上坡路的時候要對別人好一點兒，因為你下坡的時候會碰到他們。」

人生在世，千萬不要使自己的思維和言行沿著某一固定的方向發展，直到極端，而應在發展過程中冷靜地了解、判斷各種可能發生的事情，以便能有足夠的迴旋餘地來採取機動的應對措施。

宋朝時，有一位精通《易經》的大哲學家邵康節，他與當時的著名理學家程顥、程頤是表兄弟，和蘇東坡也有往來。但二程和蘇東坡一向不和。

在邵康節病重的時候，二程弟兄在病榻前照顧。這時外面有人來探病，程氏兄弟問明來的人是蘇東坡後，就吩咐下去，不要讓蘇東坡進來。

第五輯　方圓做人，圓滿做事

躺在床上的邵康節此時已說不出話，他就舉起雙手，比成一個缺口的樣子。程氏兄弟有點納悶，不明白他這個手勢是什麼意思。

不久，邵康節喘過一口氣來，說：「把眼前的路留寬一點，好讓後來的人走。」說完，他就嚥氣了。

邵康節的話很有道理，因為事情是複雜多變的，任何人都不能憑著自己的主觀臆斷來判定事情的最終結果。人的一生，更是浮沉不定，常常難以預料。

韓琦在北宋時長期擔任宰相職務。他在統帥部隊時，夜間伏案辦公，一名侍衛拿著蠟燭為他照明。那個侍衛一時走神，蠟燭燒了韓琦鬢角的頭髮，韓琦忍著痛，什麼也沒說，只是忙用袖子蹭了蹭，繼續低頭寫字。

過了一會兒韓琦一回頭，發現拿蠟燭的侍衛換人了，他怕主管侍衛的長官鞭打那個侍衛，就趕快把他們召來，當著他們的面說：「不要換他，因為他已經懂得怎樣拿蠟燭了。」

韓琦提供的「臺階」減輕了身邊眾人，尤其是那位士兵的壓力，這比責罰更能讓他們改正缺點，盡職盡責，並且從心裡感激他、愛戴他，心甘情願為他效力。

從韓琦的另一件事上同樣可見其大度智慧。韓琦鎮守大名府時，有人獻給他兩隻出土的玉杯，這兩隻玉杯表裡毫無瑕疵，是稀世珍寶。韓琦非常珍愛，送給獻寶人許多銀子。每次大宴賓客時，總要專設一桌，鋪上錦緞，將那兩隻玉杯放在上面使用。一次在勸酒時，玉杯被一個官員不小心碰到地上摔個粉碎。

在座的官員驚了，碰壞玉杯的官員也嚇傻了，趴在地上請求治罪。

韓琦卻笑著對賓客說：「大凡寶物，是成是毀，都有定數，該有時它就出來了，該壞時誰也保不住。」說完又對那個還趴在地上的官員說：「你偶然失手，並非故意，有什麼罪過呢？快快請起。」

玉杯既已被打碎，無論怎樣也不能復原，如果責罵一頓肇事者，徒然多了一個仇人，眾位賓客也會十分尷尬，一場聚會便不歡而散，還會損害自己的形象。而他「寶物自有其定數」之言一出，就為對方留了一個臺階。這樣做既顯示了韓琦的寬容大度，博得眾人的讚嘆，又使肇事者對他感激涕零。韓琦在帶兵抵禦西夏時，曾有「軍中有一韓，敵人聽了就膽寒」的威名。元代吳亮曾評價他：「功勞天下無人能比，官位升到臣子的頂端，但不見他沾沾自喜；所擔負的責任重大，經常在宦海的不測之禍中周旋，也不見他憂心忡忡。」韓琦的一生，能取得如此巨大的功勞和成就，與他在做人做事上善於為對方考慮，為對方留下「臺階」的成熟練達，有著密切關係。留餘地，其實包含兩方面的意思：一是留餘地給別人，無論在什麼情況下，都不要把別人推向絕路，不可逼人於死地，否則會迫使對方做出極端的反抗行為，對彼此都沒有好處；二是留餘地給自己，讓自己行不至絕處，言不至極端，有進有退，以便以後可以機動靈活地處理事務，解決複雜多變的問題。

不給別人留餘地，就等於伸手打別人耳光的同時，也在打自己的耳光。人生就是這樣，不讓別人為難，就是不讓自己為難，讓別人活得輕鬆，就是讓自己活得自在，這就是留餘地的妙處。讓別人留有餘地，別人一定會感激你，協助你，也就等於給了自己一次成功的機會。要培養自己的這種美德，切記以下「四絕」：權力不可使絕；金錢不可用絕；言語不可說絕；事情不可做絕。

一位作家對於如何做到得饒人處且饒人進行了詳細的描述：「對於人

第五輯　方圓做人，圓滿做事

類的天生性情，比如恐懼、弱點、希望等，都要表示同情。」

「對於任何事情，都要設身處地地思考。在考慮事情的時候，要考慮到他人的利益。」

「表明反對意見的時候，不應該傷害到他人。」

「對於事情的好壞，要有迅速辨別的能力。必要的時候，做出必要的讓步。」

「不要固執己見，你要記住，你的意見只是千萬種意見中的一種。」

「要有真摯仁慈的態度，這種態度，能夠幫你化敵為友。」

「無論怎樣難堪的事，都要樂意承受。」

「最重要的就是有溫和、快樂、誠懇的態度。」

放別人一條生路，讓他有個臺階下，為他留點面子和立足之地。人海茫茫，卻常「後會有期」，你今天勢強不留任何餘地，等到他日你倆狹路相逢，如果那時他勢旺你勢弱，你就有可能吃虧，所以任何時候做任何事情都要留餘地。

留一個出口給生命，留一個臺階給對方

俗話說，得饒人處且饒人。放對方一條生路，給對方一個臺階下，為對方留點面子和立足之地。待人處事固然要「得理」，但絕對不可以「不饒人」。留一點餘地給得罪你的人，不但不會吃虧，反而還會有意想不到的驚喜和感動。

一位高僧受邀參加素宴，席間，發現在滿桌精緻的素食中，有一盤菜裡竟然有一塊豬肉，高僧的隨從徒弟故意用筷子把肉翻出來，打算讓主人看到，沒想到高僧卻立刻用自己的筷子把肉掩蓋起來。

一會兒，徒弟又把豬肉翻出來，高僧再度把肉遮蓋起來，並在徒弟的耳畔輕聲說：「如果你再把肉翻出來，我就把它吃掉！」徒弟聽到後再也不敢把肉翻出來。

宴後高僧辭別了主人。歸途中，徒弟不解地問：「師父，剛才那廚師明明知道我們不吃葷的，為什麼把豬肉放到素菜中？徒弟只是要讓主人知道，處罰處罰他。」

高僧說：「每個人都會犯錯誤，無論是有心還是無心。如果讓主人看到了菜中的豬肉，盛怒之下他很有可能當眾處罰廚師，甚至會把廚師辭退，這都不是我願意看見的，所以我寧願把肉吃下去。」

由於每個人的價值觀、生活背景都不同，因此生活中出現分歧在所難免。大部分人一旦身陷競爭的漩渦，便不由自主地焦躁起來。一方面為了面子，一方面為了利益，因此得了「理」便不饒人，非逼得對方鳴金收兵或投降不可。然而，「得理不饒人」雖然讓你吹響了勝利的號角，卻也成為下一次爭鬥的前奏。因為對方雖然「戰敗」了，但為了面子或利益他自然還會回來討戰。

縱覽古今，凡在事業上有所建樹的人，無不襟懷坦蕩，度量恢宏。放對方一條生路，給對方一個臺階下，為對方留點面子和立足之地並不難，如果能做到，還能帶給自己很多好處。寬容別人就是寬容自己，給別人留下臺階或退路，也就是為自己預留臺階或退路。

日本松下公司的創始人松下幸之助以其先進的管理方法被稱為「經營之神」，他就善於留餘地給別人。後藤清一原是三洋公司的副董事長，慕名而來，投奔到松下公司，擔任廠長。他本想大有作為，不料，由於他的失誤，一場大火將工廠燒成一片廢墟，造成了公司巨大的損失。

第五輯　方圓做人，圓滿做事

　　後藤清一十分惶恐，認為這樣一來不僅廠長的職務保不住，還很可能被追究刑事責任，這輩子就完了。他知道松下幸之助從不姑息部下的過錯，有時為了一點小事也會發火。但讓後藤清一感到欣慰的是，這一次松下幸之助連問也不問，只在他的報告後批示了四個字：「好好做吧！」松下幸之助的做法深深地打動了後藤清一。由於這次火災發生後沒有受到懲罰，後藤清一心懷愧疚，更加忠心效命，並以加倍的工作來回報松下幸之助。

　　松下幸之助留了餘地給下屬，也留下了更多發展的餘地給自己公司。俗話說，金無足赤，人無完人，每個人都會偶有過失。像松下幸之助這樣胸襟寬闊的人，能夠不計較個人得失，還會為對方尋找恰當的「臺階」，能夠讓對方不失尊嚴和面子因此能夠集聚人心。俗語說：「量小失眾友，度大集群朋。」為人有寬闊的胸襟、恢宏的度量，才能贏得友誼，增進團結。也只有胸懷寬廣的人，才能解人之難，使人樂於信任親近。而胸襟狹窄者則會嫉人之才，妒人之能，諷人之缺，譏人之誤，因而在他周圍便會產生一種無形的排擠力，使人避而遠之。

　　怎樣才能造就博大的胸懷呢？古人云：「海納百川，有容乃大；壁立千仞，無欲則剛。」我們應該做到「有容」、「無欲」，像大海那樣笑納百川，像高山那樣巍巍矗立，剛正不阿。當然，度量的鍛鍊，並非一日之功，還要靠長期的修養。

　　法國著名詩人雨果認為：「世界上最寬闊的是海洋，比海洋更寬闊的是天空，比天空更寬闊的是人的胸懷。」做一個肯理解、容納他人優點和缺點的人，才會受到他人的歡迎。那些對人吹毛求疵，沒完沒了地說教的人，是不會擁有親密朋友的，也不會受到更多人的擁戴。

識破別點破，面子上好過

若在談話中，對方堅定地表達了一個觀點，而你不同意，那麼要改變他的觀點時，首先要顧全他的面子。因為若同意你的意見，也就等於否定了他的觀點，他的自尊心使他難以接受。

光緒六年，慈禧太后染上奇病，御醫天天問診，日服良藥，未見好轉。此時，朝中尤為焦急，遂下詔各省督撫保薦良醫。兩江總督劉坤保薦在江南有「神醫」之名的馬培之進京看診。於是一道聖旨徵召馬培之進京。馬培之家鄉孟河鎮的人無不為馬氏奉旨上京而感到自豪，可是年逾花甲的馬培之卻高興不起來。他自忖：「京華名醫如雲，慈禧太后所患之病恐非常病，否則斷不會下詔徵醫。既然下詔徵醫，可見西太后之病乃非同小可。此去要是弄不順，只怕毀了懸壺多年所得的盛譽，還可能會賠上老命。」

馬培之千里跋涉抵達京都，旋即打探西太后之病況。其時，關於慈禧之病傳說紛紜，有人傳是「月經不調」，有人說是「血症」，還有一些離奇的傳說。馬培之拜會了太醫院的御醫，先作打探，卻不得要領，心中不由十分焦急。後又連日訪問同鄉親友，最後還是一位經商的同鄉認識宮中的一位太監，請這位太監向西太后的近侍打聽的慈禧患病的真實起因以及有關宮闈之祕。傳出的消息使馬培之大吃一驚：慈禧太后之病乃是小產的後遺症。慈禧早已寡居多年，何來小產？馬培之吃驚之餘，心中已明白了大半，也自覺心安了許多。

接下來，就是要善做「面子」工作，既要照顧到對方的「面子」，還要考慮到自己的面子。最關鍵的是，這種「塗脂抹粉」一定要自然，不留痕跡。一天，馬培之在太監的引領下，終於來到了金碧輝煌、守衛森

第五輯　方圓做人，圓滿做事

嚴的皇宮。只見四十多歲的慈禧太后，臉上雖然抹了很厚的脂粉，卻難掩那血汙的面色。先是西太后詢問馬培之的籍貫、年庚以及行醫經歷的一些細節，然後由太醫介紹聖體病況。當時在場的還有京外名醫薛福辰和汪守正等人，於是由薛、汪、馬三醫依次為西太后跪診切脈。診畢，三位名醫又自開方立案，呈慈禧太后。只見老佛爺看著薛的方案沉吟不語，再閱汪的方案面色凝重，此時三大名醫莫不緊張，無不沁出冷汗。但當太后看了馬的方案後，神情漸轉祥和，金口出言：「馬培之所擬方案甚佳，抄送軍機處及親王府諸大臣。」

眾人聽罷，心中的石頭落地，而馬培之更是高興。馬培之對慈禧太后的病因本來已心中有數，再切其脈，完全暗含產後血症，便確診。但馬培之在其方案上未敢言及婦產的病機，只作心脾兩虛論治，而在藥方上卻是明修棧道暗度陳倉，用不少調經活血之藥，此正中慈禧下懷。這是因為醫生開的藥方要抄送朝中大臣，所以必須既能治好病，又可遮私醜、塞眾口，馬培之的藥方正符合這兩種要求。另兩位名醫薛、汪的方案雖然切中病機，脈案明瞭，在醫術上無可挑剔，但卻不能保全老佛爺的面子，因此也就不合老佛爺的心意。

後來，慈禧服用了馬培之開的藥，奇病漸癒，一年後基本康復。馬培之本人也因此深得慈禧信任。但是無論是在京還是返歸故里，馬培之對慈禧的病始終守口如瓶。

事實上，給人面子並不難，大家都在人性叢林裡討生活，給人面子其實是一種互助。尤其是一些無關緊要的事，你更要會給人面子。

人人都有自尊心，倘若被傷害很可能會一直耿耿於懷，隨時找機會進行報復。所以，一般人際交往中千萬不能傷害別人的自尊。在無關得失的小事上讓對方一步，這當然不是為了博得對方的歡心，為升官發財

做階梯，而在於獲得多方面的好感，給人面子，多留一些餘地給自己，使自己不會因小事而受到不必要的損害。

項羽兵敗後自感「無顏見江東父老」，於是自刎烏江，為了面子，連命都不要了。因為面子代表著尊嚴與榮耀，有面子才能被別人看得起，才能表明他的優越感。在人際交往中，要想與別人建立和諧的關係，就必須懂得放下自己的面子，給他人一個面子。因為人際關係是相互的，正如《聖經‧馬太福音》裡所寫的：「你希望別人怎樣對待你，你就應該怎樣對待別人。」尊敬別人，給別人面子，其實也是給自己留了餘地。所以你一定要記住：你傷過誰的面子，也許早已忘了，可是被你傷害的那個人永遠不會忘記。

第五輯　方圓做人，圓滿做事

以退為進，欲擒故縱

> 要想進退自如，就要在必要時勇於放棄。生活有時會逼迫你不得不停止前進。什麼也不願放棄的人，常常會失去更多的東西。退讓就是進取，放棄也是選擇。

火燒棧道做麻痺，打得天下歸漢室

秦朝末年，劉邦率眾起義，進占沛縣。劉邦在沛縣的威望極高，城中百姓想推舉他為縣令。

劉邦推辭說：「現在天下大亂，各路諸侯並起反秦，如果將領選擇不當，就會一敗塗地。我不是愛惜自己的性命，只是擔心自己才能低下，不能保全沛縣的父老鄉親。這是件大事，還請各位慎重考慮，推舉可以勝任的人來做沛縣的縣令。」

在場的蕭何、曹參都是文官，他們顧慮重重，擔心起義失敗會被秦朝誅滅全家。同時，兩人又深知劉邦能成就大事，就極力推舉劉邦。

沛縣的百姓也對劉邦說：「我們早就聽說過您，日後您定是大富大貴之人。況且我們已經占卜過了，沒有人比您更吉利。如果您不當縣令，還有誰能當呢？」

劉邦又多次推讓，但沒有人敢擔此重任，最終還是劉邦做了沛公。

秦期被滅後，項羽分封諸侯，將劉邦封為漢王，並撥給劉邦三萬兵馬（原來劉邦有十萬），隨同他前往漢中。眾人不服，認為這是項羽藉

機削弱他的勢力，都主張與項羽決一死戰，而劉邦卻接受封號，前往漢中。

去漢中的路線有兩條：一條是向南，走通往漢中的谷道，谷口是漢中的南康縣；另一條是向西到達眉縣西南，走斜谷，再入褒谷。劉邦選擇了西行到達眉縣，由眉縣西入斜谷，經斜谷再由關中到達漢中。

劉邦與將士們一路西行，到達眉縣西南，隨後有序進入斜谷。斜谷道路狹窄，泥土中帶著溼氣，幾萬大軍一字排開行於其中，有十餘里長。

進入斜谷，穿越秦嶺，又是一番景象。谷底的兩側是令人望而生畏的懸崖峭壁，飛鳥哀鳴猿猴啼，一片淒涼的景象，只有頭頂上的一線天空，還能讓將士們寄予希望。這就是有名的古棧道。峭巖陡壁的棧道下面便是萬丈深淵，第一次走這種棧道的士兵，眼睛都不敢往棧道下面看，只是閉著眼睛往前走。

途中，這些將士們都很沉悶，不知道所謂的漢中到底在哪裡，離家鄉有多遠，不理解辛苦征戰了這麼多年，為什麼會被遣往漢中，有幾分憂慮，又有幾分恐懼，可還是覺得自己的生路只能繫在這一線天空的前方。

當將士們將要走出斜谷時，回首顧盼，都深深地出了一口長氣，高興地互相祝賀，一個個都發誓要打回老家，與項羽血戰到底。等最後一名士兵度過棧道，劉邦卻下令把棧道全部燒毀，將士們都迷惑不解，可又無法辯解，只得聽命行事。霎時間，谷內濃煙滾滾，火光沖天，歷盡艱辛修建的古棧道就此毀於一旦。

劉邦這才向眾人解釋，項羽的探子就在身後，不燒毀棧道不能消除

第五輯　方圓做人，圓滿做事

他的懷疑，等我們勢力壯大，再重修棧道，打回老家。將士們這才如夢方醒，紛紛交口稱讚。

果然，項羽聽說此事，對劉邦放鬆了警惕。劉邦趁機在漢中休養生息，招兵買馬，壯大勢力。最後，劉邦重返中原，大敗項羽，建立漢王朝，成為漢高祖。

沛縣父老推舉劉邦為沛公，他並非不樂意，而是以退為進，試一試眾人是否真的服他。造反是滅門大罪，如果眾人不服，必然不會成功，還不如不做；只有眾人心服，才會聽從管束和指揮。同樣，進駐漢中，火燒棧道，也是以退為進，最後終成大事。

所以，不爭鋒芒，並不是毫無進取的態度，而是一個人成大事的手段；偏安一隅，並不是苟且偷生如行屍走肉般活著，而是蓄勢待發的預備過程。劉邦做到了，也成功了。事實證明：忍耐一時，自然會風光一世。

可口可樂公司因退出餐飲而崛起

隨著企業經營環境、企業資源和學習能力的變化，企業經營策略會表現出動態性和對環境的適應性，也就是說企業在經營中會適時地進行策略轉移。策略轉移意味著策略方向、目標的重新定位，業務的重組，也意味著既要發展，又要撤退。

策略轉移過程中實施具有前瞻性的策略「撤退」，需要企業的經營者具有非凡的經營智慧和魄力。因為相比被迫出售已經出現嚴重問題或產生巨大虧損的業務，主動的策略撤退通常發生在仍然是一切「看起來很美」的時候，所以往往需要突破各方面的壓力。但是如果善於利用撤退

策略，就能為實現企業的策略目標提供巨大的幫助和機會。

透過撤退重新配置企業資源，把有限的企業資源轉移到對企業發展具有策略意義的目標行業或市場，這是大多數企業選擇策略撤退的初衷。另外一種情況是及時出售那些和企業策略方向不吻合，雖然當前狀態良好，但是未來極有可能造成損失的業務。百事在一九七〇年代曾實行業務多樣化的策略，兼併了大量速食連鎖店。但後來為扭轉與可口可樂競爭中的不利局勢，毅然退出了速食業務，集中精力發展飲料行業。

奇異（GE）公司總裁威爾許（Jack Welch）上任後不久便果斷決策實行策略轉移，退出 GE 藉以發家致富且當時業績頗佳的家電業務領域。公司員工對此十分不理解，認為威爾許是傻子。可事實證明，威爾許是對的，他是一位天才的企業家。他帶領 GE 在以後的若干次重組中，有進有退，適時地調整經營策略，始終堅持要做就做第一，否則就不做的經營原則。

可有些企業只有在經歷了沉痛教訓後才了解到主動撤退的重要性。西元一九六四年，美國杜邦公司推出了合成式皮革，用這種材料做成的皮鞋經久不壞。可是，當市場出現大受歡迎的真皮皮鞋時，杜邦仍無退意，直到一年損失 一億美元時，才不得不被動退出市場。

正反兩方面的經驗教訓告訴我們，企業經營者要善於採取撤退策略，掌握策略調整的主動權。

多數情況下我們都錯誤地認為撤退就意味著承認錯誤或接受失敗，所以不願意正視，但是撤退不僅不是失敗，更是一種大智慧。

當然，撤退策略必然會使企業遭受一定的損失，比如市場、利潤、資源、人員、商業信譽等都會受到一定程度的影響。

第五輯　方圓做人，圓滿做事

但我們認為，這些損失應理解為實施策略轉移的必要成本，即使如此，我們也要選擇恰當的退出時機，透過合宜的退出方式，將其降到最低，而且還要考慮機會成本，結合策略轉移，以策略總成本最小或策略總收益最大為目標，更要考慮資源利用的比較優勢。採取撤退策略的目的是將資源用於效率和效益更高的業務領域，因此，要從策略全域性高度正確了解撤退策略。

一位靠房地產經營與開發而發財的成功人士，想在大城市建立一家占地約三千平方公尺的大商場。正當他找好土地，付了訂金時，亞洲金融危機開始了。面對這種情形他果斷決定立刻停止此專案，雖然損失了幾十萬元，卻避免了更大的損失。

該放手時就放手，不可陷得太深，留得青山在，不怕沒柴燒。事實上，放手可以減輕許多麻煩和損失，有助於輕鬆地去開始另一件更有意義的事業。

就一般常理來說，很多時候人們明明知道事情已無挽救餘地了，還習慣性地往好的方面去想。以股票買賣為例，眼見股票價格急速下滑，心裡卻仍存著「再等些時日也許會有上漲的希望」，結果往往虧損慘重。因此，要相信自己的直覺，若覺得有必要放棄就應快速行動。

當然，每個人都有不同的想法，或許有人會對「適時放棄，價值連城」這句話產生排斥感，但這句話對一個個性單純且急躁的人而言，則是一句金玉良言。環顧我們周圍擁有大成就的人，無不處事小心謹慎，皆能在緊要關頭立即做決斷。

有退才有進，「捲土重來」一定會有新天地。

以退為進，厚積薄發

有一首形容農夫插秧的詩：「手把青秧插滿田，低頭便見水中天；身心清淨方為道，退步原來是向前。」有的人為了功名富貴，不顧一切地向前爭取。有時前面是險坑，跌下去會粉身碎骨；有時前面是一道牆，撞上去會鼻青臉腫。如果這時候懂得以退為進，轉個彎、繞個路，就會發現世界還有其他更寬廣的空間。

退卻是為了前進，讓步是為了進步，之所以能夠這樣，是因為主動退讓一可以緩解矛盾對立雙方的攻勢壓力，二可以為自己贏得時間，積蓄能量，此外，還可以贏得外界的支持。然後，你可選擇有利環境和時機，乘勢而行。

在軍事競爭上，進攻太急有可能激起敵人的瘋狂反撲，而有意讓敵方逃走，反而可以達到削減他們勢力的目的。緊緊地跟在逃敵之後，不要逼近，等到他們累得沒有力氣，鬥志、戰鬥力削弱的時候，一舉將其殲滅，這樣就可以取得戰爭的最後勝利。

欲擒故縱，其意是，為了捉住敵人，事先要放縱敵人。這是一種放長線釣大魚的計謀。諸葛亮七擒孟獲，就是軍事史上一個「欲擒故縱」的絕妙戰例。

蜀國建立之後，便定下北伐大計。當時西南夷酋長孟獲率十萬大軍侵犯蜀國。諸葛亮為了解除北伐的後顧之憂，決定親自率兵降服孟獲。蜀軍主力到達瀘水附近，在山谷中埋下伏兵，誘敵出戰，將孟獲誘入伏擊圈內，使之兵敗被擒。可是諸葛亮決定對孟獲採取「攻心」戰，斷然釋放孟獲。孟獲表示下次定能擊敗蜀軍，諸葛亮則笑而不答。

孟獲回營後，據守瀘水南岸，阻止蜀軍渡河。諸葛亮乘敵不備，從

第五輯　方圓做人，圓滿做事

敵人不設防的下游偷渡成功，並襲擊了孟獲的糧倉。孟獲暴怒，要嚴懲將士，反而激起了將士的反抗。於是，將士們相約起義，趁孟獲不備，將孟獲綁赴蜀營。諸葛亮見孟獲仍不服氣，就再次把他釋放。

以後孟獲又用了許多計謀，但都被諸葛亮一一識破，孟獲又四次被擒，但都被釋放了。最後一次，諸葛亮火燒了孟獲的藤甲兵，孟獲第七次被擒。孟獲終於感動了，他真誠地感謝諸葛亮七次不殺之恩，誓不再反。從此，蜀國西南安定了，諸葛亮徹底消除了後顧之憂，全力舉兵北伐。

諸葛亮在第一次誘擒孟獲後，擒拿敵軍主帥的目的已經達到，敵軍在短時間內也不會有很強的戰鬥力了，此時如果乘勝追擊，便可大破敵軍。但是諸葛亮考慮到孟獲在西南夷中的威望很高，影響很大，只有讓他心悅誠服，主動請降，才能使後方真正穩定。如若不然，南方的少數民族部落不會停止侵擾，蜀國的後方就更難安定。因此，諸葛亮才一次次不辭勞苦地擒拿孟獲，又一次次將他放掉，因為他要獲得的不只是一個西南夷酋長孟獲，而是整個蜀國後方的安定。

「欲擒故縱」需要等得、忍得、輸得起，絕不為小利小惠而斤斤計較。「故縱」只是權宜之計，即所謂的放長線釣大魚。這條長線必須要有韌性，而且還要收發於心，以等時機成熟，將大魚釣起。

以退為進，欲擒故縱，在現實生活中也常為人所用。當你請求別人幫忙時，如果一開始就提出較大的要求，很容易遭到拒絕，而如果先提出較小的要求，待別人同意後再增加要求的分量，則更容易達到目標。

社會心理學家傅利曼和弗雷澤西元一九六六年做了一個相關實驗。研究的第一步是到各家各戶向主婦提出一個小小的要求，請她們支持

以退為進，欲擒故縱

「安全委員會」的工作，並在一份呼籲安全駕駛的請願書上簽名。研究的第二步是兩週以後，重新找到這些主婦，問能否在她們的前院豎一塊不太美觀的告示牌，上寫「謹慎駕駛」。結果表明，先前在請願書上簽過名的大部分主婦（百分之五十五以上）都同意豎告示牌，而沒有簽過名的主婦，只有不足百分之十七的人接受了這一要求。

引擎利用後退的力量，反而引發更大的動能；空氣越經壓縮，反而越具爆破的威力；軍人作戰，有時候要迂迴繞道，轉彎前進，才能勝利……很多時候，我們要想成就一件事情，必須低頭匍匐前進，才能成功。

許多聖賢先哲，從官場利祿之中退居後方，是為了再待機緣；有些能人異士隱居山林，是為了等待聖明仁君。有德飽學之士都懂得「進步哪有退步高」的道理。

退讓的盡頭是放棄。一般人在退讓面前還可以顯示自己的從容大度，然而一旦面臨放棄，就會感覺異常艱難。成功人士的經驗卻在告訴世人：要想進退自如，就要在必要時勇於放棄。生活有時會逼迫你不得不停止前進。什麼也不願放棄的人，常常會失去更多的東西。只要有必要，智慧通達者就會放棄一般人難以放棄的東西，譬如利益、面子、權力，乃至愛情、自由等等。

有所選擇就要有所放棄。其實放棄並不像我們想像中那麼艱難，它不過是一種最大程度的退讓，是對一種選擇的棄權而已。在生活中，我們每做出一個選擇的同時，就已經不自覺地放棄了其他的選擇。何況，一時的放棄只是為了日後更多的進取。真正有所作為的人，不會計較一時的得失。放棄是一種明智，一種寬容，一種豁達。忘掉最初的選擇並

第五輯　方圓做人，圓滿做事

不意味著背叛了自己，放棄無法挽回的事情並不說明你整個人生從此就黯淡無光了。放棄，是為了更好更多的選擇，是選擇一個新的進取的開始。

　　生活是一門藝術，我們一定要善於進退，不要讓世俗的塵埃矇蔽了雙眼，別為自己的心靈套上沉重的枷鎖。這是一種處世的智慧：退讓就是進取，放棄也是選擇。

第六輯
厚黑相容處世，剛柔並濟做人

善爲士者不武，善戰者不怒，
善勝敵者不與，善用人者爲之下。

——《道德經》

第六輯　厚黑相容處世，剛柔並濟做人

水能穿石，柔可克剛

> 柔可克剛，很多時候，溫和柔軟反而比粗暴剛硬更有力量。

做人學會彎曲，避免傷筋動骨

加拿大魁北克有一條南北走向的山谷。山谷沒有什麼特別之處，唯一能引人注意的是它的西坡長滿松、柏、女貞等樹，而東坡卻只有雪松。關於這一奇異景色的形成，許多人不知所以，後來謎底被一對夫婦揭開。

西元一九九三年冬天，這對夫婦的婚姻正瀕於破裂的邊緣，為了找回昔日的愛情，他們打算做一次浪漫之旅，如果能找回就繼續生活，否則就友好分手。

他們來到山谷時，下起了大雪。於是，他們搭起帳篷，望著滿天飛舞的大雪，發現由於特殊的風向，東坡的雪總比西坡的大且密。不一會兒，雪松上就落了厚厚的一層雪。不過當雪積到一定程度，雪松那富有彈性的枝椏就會向下彎曲，直到雪從枝上滑落。這樣反覆地積，反覆地彎，反覆地落，雪松完好無損。但是其他的樹，卻因沒有這個本領，樹枝被壓斷了。

妻子發現了這一景觀，對丈夫說：「東坡肯定也長過雜樹，只是不會彎曲才被大雪摧毀了。」少頃，兩人突然明白了什麼，擁抱在一起。

生活中我們承受著來自各方面的壓力，這些壓力的累積終將讓我們

難以承受。這時候，我們需要像雪松那樣彎下身來，釋下重負，如此才能夠重新挺立，避免被壓斷的結局。彎曲，並不是低頭或失敗，而是一種彈性的生存方式，是一種生活的藝術。彎曲一下能夠讓我們更有力地站起來。

一塊巨石如果落在一堆棉花上，則會被棉花輕輕地包在裡面。以剛克剛，兩敗俱傷，以柔克剛，則馬到成功。真正的強者善於以柔克剛，此可謂真智慧！

有句俗語叫「四兩撥千斤」，講的正是以柔克剛的道理。俗話說：「百人百心，百人百性。」有的人性格內向，有的人性格外向，有的人性格柔和，有的人則性格剛烈，各有特點，又各有利弊。

然而縱觀歷史，我們不難發現，往往剛烈之人容易被柔和之人征服利用。大凡剛烈之人，其情緒頗好激動，情緒激動則很容易失去理智，僅憑一股衝動去做或不做某些事情，這是剛烈人的特點，恰恰也是其致命的弱點。

俗話說：「牽牛要牽牛鼻子，打蛇要打七寸處。」應以己之長，克其之短。對待剛烈之人如果以硬碰硬，勢必會使雙方都失去理智，頭腦發熱，做事不計後果，最終，各有損傷，事情也必然搞砸，悔之晚矣。

倘若以柔和之姿去面對剛烈火暴之人，則會是另一番局面，恰似細雨之於烈火。烈火熊熊，細雨雖說不能立即將火撲滅，卻能有效控制住火勢，並一點點地將火滅去；而暴雨一陣，火雖滅去，卻又添洪水氾濫之災，一浪剛平又起一浪，得不償失。

春秋末期，鄭國宰相子產在治理國家方面採用的就是以柔克剛的方法。子產為政剛柔並濟，以柔為上，以柔制剛。鄭國是一個小國，國力

甚弱，要想在大國林立的空間求得生存，增強國家的實力刻不容緩。子產提倡振興農業，同時徵新稅，以確保有足夠的軍費供應和給養。

新稅徵收伊始，民眾怨聲四起，甚至有人揚言要殺死子產，朝中也有不少朝臣站出來表示反對。子產毫不理會，也不作過多的解釋，而是耐心等待事態的發展。他說：「國家利益為重，必要時自然要犧牲個人利益，服從國家利益。我聽說做事應當有始有終，不能虎頭蛇尾。有善始而無善終，必將一事無成，所以，我必須將這件事做完。」

新稅照常徵收，由於還採取了振興農業的辦法，農業得以迅速發展，很快，民眾由怨到讚，眾人皆服。

子產在各地遍設鄉校，因鄉校言論自由，有些對政治不滿的人往往把鄉校作為論壇進行政治活動。有人擔心長期下去會影響統治，建議取締。子產卻說：「這沒有必要。百姓勞累一天，到鄉校中發發牢騷，評談政治很正常。我們可以廣泛聽取鄉校的言論，擇善而從，及時發現自己的長處與失誤；若強行壓制，豈不如以土塞川，暫時或許會堵住水流，但必將招來更猛的洪水激流，衝決堤壩。到那時，恐怕就無力迴天了。若慢慢疏導，引水入渠，分流而治，豈不更好？」眾人皆服。

至柔之水克萬物，心態順從天地寬

老子在《道德經》裡說至柔之水能克萬物，能隨物賦形，無孔不入。「天下之至柔，馳騁天下之至堅。無有入無間。吾是以知無為之有益。不言之教，無為之益，天下希及之。」

意思是天下最柔弱的東西能騰躍穿行於天下最堅硬的東西中。空虛無形之物，能夠進入沒有縫隙的東西中。我因此而知道了順應自然無所

水能穿石，柔可克剛

作為是有益處的。無言的教誨，無所作為的益處，天下很少有人能夠做得到。

那麼什麼是天下至柔之物呢？毫無疑問，水是最為柔軟、順從的東西，它可以柔順得任憑我們把它放到不同的器皿中，泰然自若、無欲無求。水是最柔和的東西，無欲無求的水總是安靜地繞開繁華，順延著低窪的河谷緩緩而下，它絕不會在地勢的險峻處、壯觀處駐足停留或搔首弄姿，而是默默無聞順流而下，滋潤田地、山谷，但它絕不居功自傲，造福萬物而絕不主宰萬物，甘於卑下的地位而毫無怨言。

只看到水至柔的一面，還不足以說明水的本質。水雖然柔弱到了近乎虛無，但絕不意味著它柔弱可欺，老子說：「天下之至柔，馳騁天下之至堅。」意思就是說水雖然柔弱，但它可以在最為堅硬的東西中馳騁、奔流。有一句詩寫得好：抽刀斷水水更流。是啊，無論多麼鋒利堅硬的刀柔順的水都不會畏懼。我們都聽說過「水滴石穿」的故事，一兩滴水的力量是那麼微不足道，但給予足夠的時間足可以將堅硬的岩石穿出孔。石頭的密度可謂大了，可以說沒有任何的空隙可供侵襲，而水卻能在不占有絲毫空間的情況下侵入石頭內部，這是多麼柔弱而又神奇的力量！

「水滴石穿」，從不可知的宇宙洪荒年代起，水就開始憑藉自己的柔順而攻無不克，它幾乎侵占了所有的領域：陸地、平原、丘陵、溝壑、沼澤、谷底、深潭。水成了萬物的生存之源，作為萬物之靈的我們也同樣依賴水的哺育才得以生存。我們在母體內，需要羊水的供養，同時它也保護著我們免受外物的擠壓傷害。可以說水是孕育我們的泉源，沒有水我們就無法孕育生長，也無法在世間存活下來。水有如此大的作用，卻從不居功自傲，而是表現出無為、樸素、默然的柔和狀態。

《明史》記載，有一次明武宗朱厚照南巡，提督江彬隨行護駕。江彬

素有謀反之心，他率領的將士，都是西北地方的壯漢，身材魁偉，虎背熊腰，力大如牛。兵部尚書喬宇看出他圖謀不軌，從江南挑選了一百多個矮小精悍的武林高手隨行。

喬宇和江彬相約，讓這批江南拳師與西北籍壯漢比武。江彬從京都南下，原本驕橫跋扈，不可一世，但因手下與江南拳師較量，屢戰屢敗，氣焰頓時消減，樣子十分沮喪，蓄謀篡位的企圖也打了折扣。喬宇所用的就是「以柔克剛」的策略。

懷柔勝於高壓

一天，北風與太陽爭論誰的力量最強大。太陽說：「萬物生長都需要我，我是宇宙的中心，我的能量無人能敵！」北風也不甘示弱，反駁道：「我所到之處聲勢浩大，人們見到我都避之不及，我還能發電⋯⋯」兩個人爭論不休，最後，它們看到一個穿著大衣的行人，於是說定，誰能讓那行人脫下大衣，誰的力量就最強大。

北風憋足了一口氣，猛烈地颳，路邊的樹木左右搖擺，灰塵滿天，而那個行人卻緊裹大衣，加快了腳步。

北風覺得自己還沒有使出全部的力量，於是颳得更猛了。行人緊裹著的大衣被掀起來了。他冷得瑟瑟發抖，連忙把衣服裹得更緊了。北風使出渾身解數，行人不但沒有脫掉大衣，反而戴上了帽子。

北風颳疲倦了。太陽微笑著說：「還是讓我來吧！」說完，它把溫和的陽光灑向大地，陽光暖洋洋的。剛剛裹緊衣服的行人感受到了和煦的陽光，鬆開了衣鈕。

在這樣的天氣裡走路，行人漸漸覺得熱。過了不久，他一邊擦著額

頭上的汗珠，一邊把大衣脫了下來。

於是太陽對風說：「柔情、友善的力量，永遠勝過憤怒和暴力。」

力量的作用方式有多種。能量最大的未必力量最強大，聲勢最大的也未必力量最大，最剛性的也未必是最堅硬的。柔可克剛，很多時候，溫和柔軟反而比粗暴剛硬更有力量。

美國前總統威爾遜曾這樣說過：「如果你握緊了拳頭來見我，我可以明白無誤地告訴你，我的拳頭比你握得更緊。但如果你來我這裡，對我說：『我想和你坐下來談一談，如果我們的意見相左，我們不妨想想看原因何在，問題主要的癥結又是什麼。』那麼，我們不久就可看出，彼此的意見相距並不很遠。即使見解不同，只要我們帶著耐心，加上彼此的誠意，我們就可以更接近了。」

讓我們記住：一滴蜂蜜所黏住的蒼蠅，遠遠超過一桶毒藥！而一點溫柔，正如一滴蜂蜜。溫柔能夠化解仇隙與怨恨，溫和能夠克制盛怒，柔情能夠抹平冷漠。

以情動之，攻心為上

賽典赤・贍思丁，又名烏馬兒，別庵伯爾的後裔。至元十一年（西元一二七四年），元世祖忽必烈委任他為雲南行省平章政事。

贍思丁在雲南以撫綏的手段籠絡當地土吏，以其寬宏大度和雄才大略，團結友人，分化瓦解敵陣，盡量把他們爭取過來。為了改善與交趾國的關係，他派人去遊說交趾王，曉之以逆順禍福之理，以至達到了立約為兄弟的目的。交趾王也深受感動，親自來訪雲南，建立了很好的邦交關係。

第六輯　厚黑相容處世，剛柔並濟做人

據記載，贍思丁受命去征討羅槃甸叛亂時，他所率的軍隊已經把羅槃甸團團圍住了，叛軍實際上已處於束手待俘的狀況。然而贍思丁亦以寬厚仁慈感動蘿盤主請降，從而用和平的手段解決了邊疆的動亂。贍思丁為官清正廉明，凡有少數民族領袖人物來獻禮物，他總是把這些禮物轉贈下屬或施與貧民，從不肯留作私用，並以酒食犒勞這些領袖人物，團結籠絡了一批少數民族上層人士。

贍思丁的智謀表現大都不如軍事上的計謀，如借刀殺人、引蛇出洞、佯攻佯退、誘敵深入等那麼直觀。他的智謀旨在攻心，化解矛盾，盡可能地把對手拉到自己這邊來，使之不攻自破。征討叛軍這則史實就充分顯示了他巧用攻心計謀的才能。叛軍已被圍住，但他首先伸出的不是拿槍的手，最後未流一滴血就解決了動亂問題，達到了用軍事手段不可能產生的效果。

爭取對方的心，是人性叢林中必不可少的原則。因為強迫別人服從你的意願到頭來會對你不利，而受你誘導自願朝著你的意願行動的人將會成為你忠實的幫手。而誘導別人的方式就是操控他們的心理和弱點，在他們的情感上下功夫，軟化他們的抗拒，使他們更熱衷於追隨你。

想在這個社會上與別人圓潤相處，正確的做法是隨時隨地關照身邊的人，衡量他們特殊的心理，剪裁你的修辭好吸引他們。

因為無論是職場還是商場上，你周圍的人沒有理由要幫助你，除非關係到他們自身的利益。如果你不能夠滿足他們，他們很可能就會產生敵意。要想克服這種普遍的冷漠，就得找到鑰匙開啟陌生人的情感與心靈，把他們吸引到你的角落。但是大多數人從來沒有學會這種處事做人的技巧，在遇到生面孔時，不會退後一步探測對方的獨特之處，只會談論自己，急於強加自己的意志。他們爭辯、吹噓，展現自己的權力，無

形中已經製造了敵人和反對者，因為再也沒有比個性受到忽視、心理得不到認知更令人惱怒的事，那會讓人覺得失去價值而憤慨。

所以請記住：說服的關鍵在於軟化對方，讓他們輕輕柔柔地被瓦解。你可以在他們的情感上下功夫，抓住他們心智上的弱點；你還要靈敏地觀察他們和其他人不同的地方（他們的個人心理狀態），以及知道他們與其他人的共同之處（他們的基本情緒反應），然後瞄準人類根本的情緒──愛、仇恨與嫉妒。一旦打動了他們的情感，就削弱了他們的控制力，讓他們變得比較脆弱，容易說服。

將這條法則發揮到極致的最好方法，就是營造戲劇性的衝擊，比如對待俘虜：俘虜們只能期待最糟糕的命運，如果你不但款待他們，之後還予以釋放，他們一定倍受感動。如果他們期待痛苦，你卻給予歡樂，你就能贏得他們的心。事實上，創造任何一種形式的歡樂，都會帶給你成功，就像減輕恐懼或提供安全一樣。

象徵式的姿態往往就足以贏得同情與善意，例如：自我犧牲的狀態。表現出你和周圍的人一同受苦會讓人們認同你，即使你的受苦是象徵性的或者微不足道的，而他們的痛苦卻是真實的。在進入團體時，表現出善意的狀態，就能軟化這個團體，為隨之而來比較嚴酷的行動做好準備。

要爭取對方的心，最迅速的方法就是盡量以最簡單的方式向他闡明你的行動如何讓他受惠。利益是最強烈的動機，偉大的主張或許會擄獲人心，然而一旦最初的激動平息後，利益就成為旗幟，所以利益是比較穩固的基石。

最善於打動人心的人往往是藝術家、知識分子，以及比較有詩意傾向的人，這是因為透過隱喻和意象最容易溝通觀念。因此，你要與一些

第六輯　厚黑相容處世，剛柔並濟做人

善於打動人心的藝術家或知識分子建立關係，使他們在你需要的時候能夠幫助你。在所有的會戰中，你要退後一步，花時間去籌劃並且迎合對方的情緒

波動和心理弱點。對大多數人而言，武力只會增強他們的反抗，心才是關鍵：他們就像孩子，受情緒支配，要使他們軟化，就要以慈悲替代嚴酷，操控他們的基本恐懼，以及喜好、自由、家庭等等。一旦你爭取了他們的心，你就會擁有一生的朋友和忠貞不貳的盟友。

調整心態，做一個柔韌的人

> 人生的際遇是變化多端、難以預料的。人活在世上，不要太過剛烈，也不可太過偏執，而應該變得更有韌性，從而適應這個社會。

生活是不公平的，你要去適應它

有一個人在社會上總是落魄、不得意，便有人向他建議去找智者。

他找到智者。智者沉思良久，默然舀起一瓢水，問：「這水是什麼形狀？」這人搖頭：「水哪有什麼形狀？」智者不答，只是把水倒入杯子，這人恍然大悟似的說：「我知道了，水的形狀像杯子。」智者沒有回答，又把杯子中的水倒入旁邊的花瓶，這人又說：「我又知道了，水的形狀像花瓶。」智者搖頭，輕輕提起花瓶，把水輕輕倒入一個盛滿沙土的盆，清水便一下滲入沙土，不見了。

這人陷入了沉思。

智者低身抓起一把沙土，嘆道：「看，水就這麼消逝了，這也是一生！」這個人對智者的話咀嚼良久，高興地說：「我知道了，您是透過水告訴我，人應該像水一樣，盛進什麼容器就是什麼形狀。而且，人還極可能在一個規則的容器中消逝，就像這水一樣，消逝得無影無蹤，而且一切無法改變！」這人說完，眼睛緊盯著智者的眼睛，他急於得到智者的肯定。

「是這樣，」智者拈鬚，轉而又說，「又不是這樣！」說畢，智者出

第六輯　厚黑相容處世，剛柔並濟做人

門，這人隨後。在屋簷下，智者蹲下身，手在青石板的臺階上摸了一會兒，然後頓住。這人把手指伸向剛才智者手指所觸之地，感到有一個凹處。他迷惑，不知道這本來平整的石階上的「小窩」藏著什麼玄機。

智者說：「一到雨天，雨水就會從屋簷落下，看，這個凹處就是水長期滴落打擊造成的結果。」

此人遂大悟：「我明白了，人有可能被裝入規則的容器，但也有可能像這小小的水滴，改變著堅硬的青石板，直到破壞容器。」

智者說：「對，這個窩會變成一個洞！」這個人答：「那麼，我找到答案了！」

智者不語，用微笑和沉默與這個人對話。這人離開了智者，重新回到了社會，他用行動與智者對話。這世間又多了一個充滿活力的人。

我們每個人之於社會，猶似一滴水之於容器，要像水適應容器一樣適應社會，又要具備滴水穿石的恆性與毅力，只有這樣才能有所作為。

脆弱的意志殺了他

一個人若想成功，不可避免要接受一些現實的問題、壓力、錯誤、緊張、失望……這些都是生活的一部分，但事實上卻有許多人覺得無法應付。

有的人眼睛總盯著自己，所以看不遠，總是喜歡怨天尤人，也使別人無比厭煩。沒有苦中苦，哪來甜中甜？不要像玻璃那樣脆弱，而應像水晶一樣透明，太陽一樣輝煌，臘梅一樣堅強。既然要睜開眼睛享受風的清涼，就不要埋怨風中細小的沙粒。

從前，在中東地區有個小國，由於眾多小國之間經常發生戰爭，因

此這個小國常常會抓獲其他小國的一些俘虜。為了震懾敵國，這個國家的國王在對俘虜行刑時常常使用一些奇特的手段。

一次，一個俘虜被告知第二天將被處以極刑，行刑的方式是在他手臂上割一個傷口，讓他流盡鮮血而亡。俘虜驚恐之至，百般哀求，但無濟於事。次日一早，俘虜被帶到一個房間，然後用鐵鏈子鎖在一堵牆上，牆上有個小孔，剛好可以把一隻手臂伸進去。劊子手把他的一隻手臂從孔中穿過，在牆的另一邊，用刀子在俘虜的手上割開一個傷口，手的下面放著一個瓦罐用來盛滴下來的血。

當時俘虜慘叫一聲，隨後便聽到「滴答，滴答……」的聲音，血一滴滴地滴在瓦罐中，四周靜極了。

牆這邊的俘虜就這樣靜靜地聽著自己的血一滴一滴地滴在瓦罐中，他覺得渾身的血液都向那隻手臂湧去，越來越快地流向那個瓦罐。他害怕極了，渾身止不住地顫抖。不一會兒，他的意志徹底崩潰了，無力地癱軟下來，竟然死了。

其實，在牆的另一邊，他手上的那個小傷口早就止住了血。劊子手身邊的桌子上放著一個大水瓶，水瓶中的水正通過一個細小的滴管滴在那個俘虜手臂下的瓦罐中。

不是別人殺死了俘虜，正是他那脆弱的心理韌性，讓他自己殺死了自己。

人是應當自尊自愛的，一個人只有自己尊重自己才能獲得別人的尊重，一個有尊嚴感的人往往會有一個比較好的社會形象。從心理學上講，自尊也是人格的一部分，沒有自尊就不能稱其為一個正常的人、一個健康的人。自尊是社會交際的心理基礎之一。

第六輯 厚黑相容處世，剛柔並濟做人

但是，像世間萬事萬物一樣，自尊也有其限度。這種限度並不是由自尊本身決定的，而是由自尊在其他人類現象中的位置和相互關係決定的。把自尊不適當地放在首要的和凌駕於一切的位置上，顯然要破壞它與其他事物之間和平相處和共同發展的和諧關係，造成種種損害。這種損害的一個表現，就是在保全面子的同時也付出了巨大的代價，損害了自己的利益。

在這方面，有些老實人的尊嚴感就超過了正常的限度，顯得有些過分強烈和敏感了。只要你能滿足其虛榮心和表面上的尊嚴，即使你對其利益有所侵犯，他們也能夠接受，但是如果你出於好心卻又言行不謹，冒犯了他們心中那根敏感的神經，使其面子受損，那麼他們就會懷恨在心甚至與你反目成仇。

這些人的尊嚴感為什麼那樣敏感而強烈，這是有其心理原因的。他們在長期的以道德為核心的教育中已形成了尊嚴不可侵犯的心理定式，一旦現實生活與書本宣揚的東西發生了衝突，自尊並不那麼容易實現，就覺得受不了，反應失當。

很顯然，總是以道德的眼鏡視人視物，他們的自尊心怎麼能不草木皆兵呢！這就導致其心理空間小，活動餘地小，缺乏應有的彈性和適應性，遇見問題往往鑽牛角尖，想不開，結果不但覺得自己受了傷害，而且還傷害了與別人的關係。

另外，這些人在現實生活中往往是弱者，他們不願爭或爭不到世俗社會中的各種被視為成功代表的東西（如權力、財富和名聲），這樣，自尊便成為其心理平衡的一個重要籌碼。當自尊成為一個人心理防線上的最後一個可以憑藉的堡壘時，它就變得十分重要，任何小小的觸動都可

能引發強大的心理波瀾，引起過度的反應。

這些人往往把自尊與利益對立起來，分割開來，這實在是一種大誤解，更是對尊嚴內涵的一種無知。其實，尊嚴總與一定的物質基礎相對應。當你沒有足夠的實力而又不注重增強自己的實力時，別人即使給你面子，也是假的，因為那個面子遠遠大於你的實際實力。

如果你能夠學會不斷地累積自己的實力，學會汲取更多的利益，你就可以形成一種不能被人忽視的影響力。到那時，別人就必須給你面子，而且是真的尊敬，也只有在那時，人的尊嚴才會得到真正的滿足和實現。也就是說，人的尊嚴往往要透過面子的有無、大小及持續時間來體現，而面子的有無、大小及持續時間又有賴於利益的累積作為後盾。大凡事業有成而最終成名者，皆不能逃脫自律。

好馬也吃回頭草

一匹精良的馬從草原上經過，眼前全是綠油油的青草，牠一邊隨便地吃幾口，一邊向前走。

牠越走越遠，而草越來越少，幾天後，牠已經接近沙漠的邊緣了。這時，只要牠往回走就可以重新吃到美味的青草，可是它堅持認為：「我是一匹精良的馬，人們都說『好馬不吃回頭草』，我還是不要回頭了。」

後來，在飢餓的折磨下，牠倒在了沙漠中。

「好馬不吃回頭草！」這句話不知是誰最先說的，說過這句話的人應該為很多人的失意和悲劇負責任，因為這句話不知使多少人喪失了機會，讓多少人喪失了迴旋的空間，把自己的出路堵死了！

第六輯　厚黑相容處世，剛柔並濟做人

把「好馬不吃回頭草」信奉為人生的金玉良言的人，大概以為這句話表現出了一種「志氣」，但是誰又敢肯定地說，這不是一種「意氣用事」呢？明知「回頭草」又鮮又嫩，卻怎麼也不肯回頭去吃，這是一種很幼稚的做法。你真正要考慮的是回頭草有沒有前面的草好，能不能使你脫穎而出。如果你已經攀上高枝，回頭草自然可以不吃；如果回頭草能使你達成心中的理想，意氣用事沒有必要。

低調的人一定懂得吃「回頭草」，善於吃回頭草的人更能從曾經的錯誤中吸取教訓，能夠更清楚地權衡利弊，因此也能比原來做得更加出色。

一位優秀的職業足球教練，自從接手一支毫無進取心的球隊以後，就一直焦頭爛額，為什麼呢？因為俱樂部高層實在是急功近利，為了獲得好的名次，老是干涉他的工作。一些能力平平的球員憑藉關係硬塞進首發陣容，一些已經被證明平庸的教練也被派來「配合」他工作，他先進的足球思想和策略戰術總是被這些「婆婆」們大打折扣。

每次比賽，高層既想求勝又不讓他放開手腳，他就這樣「帶著鐐銬跳舞」，稍微大膽進攻，就被指責為冒進，好幾次都是進球後立即全線退守，最終被對手追平甚至反超。

贏了球，成績是大家的；輸了球，他卻成了出氣筒，承受著媒體、球迷的唾罵，裡外不是人。終於，職業教練的尊嚴使他忍無可忍地提交了辭呈。但在「下課」的新聞釋出會上，他臉上始終掛著微笑，對球隊裹足不前的責任大包大攬，至於辭職原因，強調完全是個人因素，維護團隊的團結。

自從這位教練走後，球隊更加保守，以「保平」為目的，毫無鬥志，

被動挨打，成績一路下滑，降了級。沒有比賽就沒有鑑別力，俱樂部終於明白，一個職業教練的作用是無法用措施替代的，他的敬業精神也是無須俱樂部來懷疑的，對於球隊的成功，他本人比誰都看得重。俱樂部經過研究做出決定，重新邀請這位前教練掌舵，並且保證絕對不干涉他的任何分內工作。俱樂部首先向他表達了誠摯的歉意，然後鄭重向他做出保證。

見俱樂部方面態度誠懇，這位教練並沒有對以前的委屈耿耿於懷，考慮幾天後重新執掌帥印。在以後的工作中他果然沒有受到任何干擾，率領他的隊員愈戰愈勇，當年更新，次年進入三甲，第三年奪取冠軍，取得了輝煌的戰績。

如果這位教練信奉「好馬不吃回頭草」這句話，他能留下職業生涯中的又一個輝煌嗎？

人活在世上，不要太過剛烈，也不可太過偏執。多考慮一些眼前的「時務」，其他諸如「面子」、「志氣」等事情少去操心，因為一考慮「面子」和「志氣」，你就不能冷靜和客觀地思考目前的處境了。

當然，在你周圍不可避免會有人對你議論紛紛，甚至讓你無所適從。

最好的建議是：吃自己的「回頭草」，讓別人議論去吧！

認真地吃好「回頭草」，把自己養成一匹更加精壯的馬就行了！時間會讓人們忘記你是一匹吃回頭草的馬；如果你吃回頭草有成就的話，別人還會佩服你：果然是一匹「好馬」！

第六輯　厚黑相容處世，剛柔並濟做人

人生如戲，適應角色的轉化

主角配角都能演，臺上臺下都自在，這是一種積極的人生態度，一種為人處事、能伸能屈的大智慧。

羅艾先生工作非常努力，人也很有才幹。大家都知道他很想升為部長，同時也都認為他有當部長的能力。

公司董事會也對他的成績很認可，就真的提升他做了部長。之後，他工作更努力了。看他每天辦公、開會，忙進忙出，興奮中難掩驕傲的神色，大家都替他高興，也祝他更上一層樓。可是過了一年，公司人事變動，羅艾先生下臺了，被調到別的部門當專員。得知消息的那天，他關上辦公室的門，一整天沒有出來。當了專員後，大概難忍失去舞臺的落寞，他日漸消沉，後來變成一個憤世嫉俗者，再也沒有升遷過⋯⋯

事實上，在人生的舞臺上，上臺下臺本來就很正常。如果你的條件適合當時的需求，當機緣一來，你就上臺了；如果演得好演得妙，你可以在臺上久一點；如果唱走了音，演走了調，老闆不叫你下臺，觀眾也會把你轟下臺；如果演的戲碼已不合潮流，或是老闆要讓新人上臺，你也就下臺了。這種情形在政治界最為明顯，當部長多風光，可是說下臺就下臺！

上臺當然自在，可是下臺呢？難免神傷，這是人之常情，可是我認為還是要上臺下臺都自在。所謂自在，指的是心情，能放寬心最好，不能放寬心也不能把這種心情流露出來，免得讓人以為你經受不住打擊。你應平心靜氣，做你該做的事，並且想辦法精練你的演技，隨時準備再度上臺──不管是原來的舞臺還是別的舞臺──只要不放棄，就會有機會！

調整心態，做一個柔韌的人

另外還有一種情形也很令人難堪，就是由主角變成配角。就像人一生免不了上臺下臺一樣，由主角變成配角也一樣難以避免──下臺沒人看到也就罷了，偏偏還要在臺上演給別人看！

由主角變成配角也有好幾種情形，第一種是去當新主角的配角，第二種情形是與配角對調。

這兩種以第二種最令人難以釋懷。

戲劇舞臺上，人可以拒絕當配角，甚至可以從此退出那個圈子，可是在人生的舞臺上，要退出並不容易，因為你需要生活，這是現實啊！

所以，由主角變成配角的時候不必悲嘆時運不濟，也不必懷疑有人在暗中搞鬼，你要做的也是平心靜氣，好好扮演你配角的角色，向別人證明你主角配角都能演！這一點很重要，因為如果你連配角都演不好，還怎麼讓人相信你還能演主角呢？如果自暴自棄，到最後就算不下臺，也必將淪落到跑龍套的角色，人到如此就很悲哀了。扮演好配角一樣會獲得掌聲，如果你仍然有主角的架勢，自然會有再度獨挑大梁的一天！

總而言之，人生的際遇是變化多端、難以預料的，起伏難免，有時逃都逃不掉，碰到這種時候，就應有上臺下臺都自在，主角配角都能演的心情。這是面對人生的一種能屈能伸的彈性，而你的這種彈性，不但會為你的人生找到安頓，也會為你尋得再放光芒的機會！同時，你的這種世故做人的彈性也必將贏得別人對你的尊重，因為沒有人會欣賞一個自怨自艾、自暴自棄的人！

第六輯　厚黑相容處世，剛柔並濟做人

懂得取捨，學會寬容

> 如果你想有所作為，想獲得成功，就要學會隱藏自己的鋒芒，懂得取捨；學會寬容，養成能夠容忍諒解別人不同見解和錯誤的肚量。

李嘉誠的做人祕訣

香港大亨李嘉誠在商場上馳騁了半個多世紀，只有對手，沒有敵人，堪稱天下奇蹟。而造就這個奇蹟的原因是他善於化敵為友，為人和善。

李嘉誠在任何時候都不以勢壓人，即使對競爭對手亦是如此。他一貫的做人準則是「善待他人，做朋友不做敵人」。

商場充滿了爾虞我詐、弱肉強食，能做到這一點，不少人認為是不可能的事。但是，在李嘉誠的身上，善待他人、讓他人一同分享利益的事情不勝列舉。曾有媒體訪問李嘉誠，尋求他做人的祕訣，以解開人們心中的疑惑：商場如戰場，經歷那麼多艱難風雨之後，你為什麼對朋友甚至商業上的夥伴總是那麼坦誠和磊落？

李嘉誠認為，你要去求生意就比較難，而生意跑來找你，你就容易做。一個人最重要的是要有勤勞、節儉的美德，對自己可以節儉，但對他人要慷慨，並且要講信用、夠朋友。這麼多年來，無論哪個國家的人，只要合作之後都能跟李嘉誠成為好朋友，從來沒有因任何事鬧過不開心。

懂得取捨，學會寬容

對於合作之後又能成為好朋友這點，最具有說服力的事情，莫過於與老競爭對手怡和的爭奪戰。那時，李嘉誠鼎力幫助包玉剛購得怡和旗下的大洋行九龍倉，又從怡和所控制的英資置地手中購得港燈，還率領華商眾豪「圍攻」置地，然而李嘉誠並沒有為此而與怡和的高層紐壁堅、凱瑟克結為冤家對頭。在每一次「戰役」之後，他們都握手言和，繼續聯手發展地產專案。

李嘉誠認為，「只有照顧到對方的利益，人家才願與你繼續合作。」追隨李嘉誠二十多年的洪小蓮，談到李嘉誠的合作風格時說：「凡與李先生合作過的人，哪個不是賺得盤滿缽滿！」

李嘉誠就是個魚和熊掌兼而得之的頂級商人。他控有香港最大的綜合性財團，多年榮膺香港首富乃至世界華人首富。他同時又是個道德至上者，他說的每句話，莫不符合道德規範，堪稱道德聖典。

李嘉誠自言：「我喜歡看書，現代的、古代的都看，經常看到深夜兩三點，看完就去睡覺，不敢看鐘，因為如果只剩下兩三個鐘頭，心就會很怯。」他有感而發，「看完蘇東坡的故事後，知道了什麼叫無故受傷害。蘇東坡沒有野心，但總是被人陷害，他弟弟說得對：『我哥哥錯在出名，錯在高調。』這是一個很無奈的過失。」

許多人向李嘉誠請教如何才能做好生意。李嘉誠的回答是保持低調。所謂保持低調其實就是通常人們所說的謹慎謙虛做人，做生意和做人一樣必須要秉持一種謙虛和合作的態度。

李嘉誠最為人稱道的是與合作夥伴的關係。與他合作過的生意夥伴，從包玉剛到李兆基、鄭裕彤、榮智健，無一例外地成了他的朋友，這些皆源於他「謹慎低調做商人」的原則。

第六輯　厚黑相容處世，剛柔並濟做人

對競爭對手，即使己方處於絕對優勢，李嘉誠依然保持一貫的低調。收購置地時，李嘉誠與李兆基、鄭裕彤、榮智健組成財團，已處於絕對優勢，但對方反對收購，李嘉誠遂決定放棄收購。這固然有收購成本過高的考慮，但難能可貴的是，李嘉誠沒有逼迫對方高價贖回自己所持有的置地股份，而是以市價轉讓給對手，放棄了一個千載難逢的黃金機會，並且附帶了「七年之內不再收購」的條款，為以後雙方的合作埋下了伏筆。

對員工，李嘉誠認為是員工養活老闆，而非老闆養活員工，因此，李嘉誠把員工放在一個較高的位置上。長江實業創業之初，資金沒有盈餘，李嘉誠還積極改善員工的生活、工作條件。對於老員工他沒有像其他人那樣一腳踢開，而是積極地給予各種照顧。李嘉誠常說：「假如今日沒有那麼多人替我辦事，我就算有三頭六臂，也沒有辦法應付那麼多事情，所以成就事業的關鍵是要有人能夠幫助你，樂意跟你工作。」正是因為李嘉誠對待員工的低姿態，長江實業的行政人員保持了高度的穩固性，流失率非常低，甚至可以說幾乎為零。

成名以後，李嘉誠的經商謀略、行為方式，成為人們評價和模仿的對象，但他的低調哲學卻不太能被人們接受。然而不管別人怎樣，李嘉誠仍然保持他一貫的低調作風。

用寬容贏得擁戴

如果你想有所作為，想獲得成功，就要學會寬容，養成能夠容忍諒解別人不同見解和錯誤的肚量。

在這個世界上，有許多不幸的事都是由於人們之間缺乏包容心而引

發的。不能容忍和不能包容，與愚昧有著同樣的意義，而且這種愚昧，還是野蠻人和暴徒的愚昧。因為他們對於世間的事物了解不清，由隔閡而誤會，由誤會而發怒。法國人有句話：「能夠了解一切事物，便能寬恕一切事物。」

相傳古代有位老禪師，一天晚上在禪院裡散步，突見牆腳邊有一張椅子，他一看便知有位出家人違犯寺規越牆出去閒逛了。老禪師也不聲張，走到牆邊，移開椅子，就地而蹲。少頃，果真有一小和尚翻牆，黑暗中踩著老禪師的背脊跳進了院子。當他雙腳著地時，才發覺剛才踏的不是椅子，而是自己的師父。小和尚頓時驚慌失措，張口結舌。但出乎小和尚意料的是，師父並沒有厲聲責備他，只是以平靜的語調說：「夜深天涼，快去多穿件衣服。」

老禪師寬容了他的弟子。他知道，寬容是一種無聲的教育。

寬容讓你獲得心靈的寧靜，錙銖必較的人往往不僅不能獲得，而且失去更多。只有寬容的人才會積極樂觀地對待生活，在面對困難或是遇到危險的時候，他們能夠遇險不驚，頭腦冷靜，凡事都以大局為重。這樣的人值得我們學習和尊敬。

做人一定要學會寬容，每個人都會犯錯，而且每天都在犯錯誤，每個人都不完美，而且每個方面都不完美。當你遇到無法容忍的情況時，馬上默唸這一段，時間一長，你就會用寬容之心理解別人，對待別人了。

約翰是一個室內裝潢工廠的老闆。有一次，生產線上有一個工人喝得酩酊大醉後來上班，吐得到處都是。廠裡立刻發生了騷動：一個工人跑過去拿走他的酒瓶，領班又接著把他護送出去。

第六輯　厚黑相容處世，剛柔並濟做人

　　約翰在外面看到這個人昏昏沉沉地靠牆坐著，便把他扶進自己的汽車送他回家。他妻子嚇壞了，約翰再三向她表示什麼事都沒有。「不！卡爾不知道，」她說，「老闆不許工人在工作時喝醉酒。卡爾要失業了，我們怎麼辦？」約翰當時告訴她：「我就是老闆，卡爾不會失業的。」

　　回到工廠，約翰對卡爾那一組的工人說：「今天在這裡發生的不愉快，你們要通通忘掉。卡爾明天回來，請你們好好對待他。長期以來他一直是個好工人，我們最好再給他一次機會！」

　　卡爾第二天果真上班了，他酗酒的壞習慣也從此改過來了。約翰的寬容使卡爾很感動，他一直記在心上。

　　一年後，地區性工會總部派人到約翰的工廠協商有關本地的各種合約問題時，居然提出一些令人驚訝、很不切實際的要求。這時，沉默寡言、脾氣溫和的卡爾立刻領頭號召大家反對。他開始努力奔走，並提醒所有的同事說：「我們從約翰先生那裡獲得的待遇向來很公平，用不著那些外來『和尚』告訴我們應該怎麼做。」就這樣，他們把那些外來的「和尚」打發走了，並且仍像往常一樣和氣地簽訂合約。約翰用寬容贏得了工人的擁戴，取得了事業的成功。

　　事實證明，事業越成功的人，也就越有寬容之心。寬容猶如春天，可使萬物生長，成就一片陽春景象。宰相肚裡能撐船，不計過失是寬容，不計前嫌是寬容，得失不久踞於心，亦是寬容。寬容可助你贏得下屬的忠誠，保持其積極進取的心；可使你不受一時得失的影響，保持對事情正確的判斷。

　　在全球最權威的商學院──哈佛大學商學院的必修課程中，有一部分專門研究非智力因素對一個人成功的影響。在這些非智力因素中，寬

容的價值極為突出，被認為是成功者的必備特質。

假如你不相信這一點，不按「寬容」行事，那麼，你就永遠不可能成為一名真正的成功者。試想，如果你因別人的一點過錯就心生怨恨，一直耿耿於懷，甚至想報復，整日沉湎於這樣的瑣事上，那麼你還有精力發展自己的事業嗎？

當遇到與你不一致的觀點、做法時，首先你要想想別人合理的地方，別人為什麼會這樣想、這樣做。然後，你再把你的觀點做法與他們的作比較。你可以試著與不同背景、不同思想的人做朋友，多觀察他們的做法，並善於採納新的觀點，這樣你才能學會寬容。

如果你發現有些人實在令你難以忍受，比如你的同事，那麼你可以努力找出他的一些優點，然後，再見到他時，多想想他的這些優點。並且，在與別人的談論中，你不要說他的缺點，更不要做無謂的抱怨。

寬容是人生的一種智慧，是建立人與人之間良好關係的法寶。一個擁有寬容美德的人，能夠對那些在意見、習慣和信仰方面與你不同的人表示友好和接受。寬容不僅對你的個人生活具有很大的價值，而且對你的事業有重要的推動意義。一個人經歷一次寬容，就可能會開啟一扇通向成功的大門。藉助寬容的力量，你可以實現自己偉大的夢想，成就自己的事業。

調整方向打造成功

你有一個夢想，夢想自己十年後的生活，並滿腔熱忱地開始行動。然而，數月後，生活打斷了你的夢想：問題總是出現，重重困難阻礙了你邁向成功的步伐。不久，你清醒了，生活和夢想截然不同。

第六輯　厚黑相容處世，剛柔並濟做人

從雪梨飛往東京，這是一段漫長的海上飛行，但每星期都有上千人登上飛機堅信自己可以抵達東京。

如果有人告訴你在百分之九十五的飛行時間裡，飛機都是偏離航道飛行的，你對飛機安全抵達東京的信心會不會動搖？

飛機之所以能安全抵達，其奧祕在於飛機上有飛行員負責方向。飛行員有預定計畫──飛向東京。他清楚飛機會被氣流吹得偏離航道，所以他監控著飛機的飛行方向，不時地進行調整，然後，最終到達目的地──東京。生活中的我們非常像在大洋上空飛行的飛機，經常置身於交叉氣流和風之間，隨時會被它們吹得偏離航道。事情永遠不會完全像我們期待的那樣平順，所以我們要學會做成功道路上的「飛行員」，要學會不斷調整方向以抵達最終的目的地。

現在，既然明白了「事情永遠不會完全像我們期待的那樣平順」，你還擔心什麼呢？不要感到不安，看看你手中的地圖，檢查一下自己是否還在向著正確的方向前進，然後，做必要的調整。

像飛行員一樣吧！他不會感到困惑不安，他只是讓飛機飛回正確的航道，然後，把它安全地帶到目的地。

馬克‧維克多‧漢森（Mark Victor Harsen）所經營的建築企業徹底失敗了，因此他不得不宣告破產，最後完全退出了建築業。

在後來的日子裡，很多人都希望聽到的是馬克如何令人驚訝地重返建築業，重新創業，一步一步爬上成功頂峰的令人歡欣鼓舞的故事。如果馬克用一生的精力這樣做，這又將是一個關於恆心和毅力的傳奇故事。這類故事很多，只不過馬克不是這類故事的主角。

他徹底退出了建築業，忘記了有關這一行的一切知識和經歷，甚至

包括他的老師，著名建築師布克敏斯特・富勒。他決定去一個截然不同的領域創業。他很快就發現自己對演講有獨到的領悟和熱情，很快又發現這是個最容易賺錢的職業。一段時間之後，他成為一個具有感召力的一流演講師。不久前，他的著作《心靈雞湯》和《心靈雞湯Ⅱ》雙雙登上《紐約時報》的暢銷書排行榜，並停留數月之久。馬克成為富翁，但是你不能認為他是半途而廢的人。

還有一個人，他的名字叫連・史卡德。他家的牆上有一個相框，裡面有十幾張名片，每張名片都代表了他從事過的一項工作。有的工作是他做不好而主動放棄的，有的工作是他做得很好，只是由於不喜歡而退出來了。這十幾項工作，他沒有一項能堅持到底。然而，他的執著精神是以不斷地尋找最適合自己的工作而表現出來的，最後他找到了一個適合自己的職業，一直做了十多年，最後成為百萬富翁。最終他建立了一個跨國公司，在全世界有幾千家分銷商。正是因為十多次的半途而廢，他才最終致富。

真正聰明的人在關鍵時刻，總會放棄無謂的固執，冷靜地分析每一個問題，審慎地運用智慧，做最正確的判斷，選擇正確的方向，並及時檢視選擇的角度，適時調整。

諾貝爾獎得主萊納斯・鮑林（Linus Pauling）說：「一個好的研究者知道應該發揮哪些構想，而哪些構想應該丟棄，否則會浪費很多時間在無謂的構想上。」有些事情，你做了很大的努力，並為之堅持不懈，苦苦勞作，但最終發現走向的是一條死路，一面死牆。這時，就需要你能夠退出來，重新研究，尋找對策。目標不能達到時，就去開發別的項目，尋找新的成功機會。

第六輯　厚黑相容處世，剛柔並濟做人

柔和的語言沁人心田

> 許多人在別人提出不同意見時，第一反應總是反感、反駁，殊不知這樣可能會引發更加激烈的爭辯。然而用間接、委婉的方式表達自己的想法，往往會收穫更好的效果。

安徒生幽默的回擊

爭論中，也可能你是占理的，但如果你想憑爭論來說服對方改變他的意見，那你就錯了。

丹麥著名童話作家安徒生崇尚儉樸的生活，經常戴著一頂破舊的帽子在街上行走。一天，有個富人嘲笑他：「你腦袋上的那個東西是什麼？能算是帽子嗎？」

安徒生不卑不亢地回敬道：「你帽子下面的那個東西是什麼？能算是腦袋嗎？」

嘲諷刻薄的話語被安徒生的機智幽默順勢一轉，便狠狠地回敬了對方。反攻的力量如此強大，對方簡直是搬起石頭砸自己的腳。

人們總是把激烈的語言交鋒稱為唇槍舌劍，有時候兩片嘴唇一個舌頭，比真槍實彈的威力還要大。然而，針鋒相對的反擊雖然精采，卻無法贏得對方內心的好感。就人際關係而言，它不會帶給我們任何好處。因此，我們要盡量避免與他人爭論。

人際關係專家告訴我們：絕大部分的爭論，都會使雙方比以前更加

堅持自己的立場和觀點。在爭論中沒有贏家。不管你是否在爭論中占了上風，本質上你都是輸了。即便你在爭論中把別人駁得體無完膚、一無是處又能怎麼樣？你可能會暫時高興，但對方因自尊心受到了傷害，會對你產生怨恨的心理，並不會真正對你口服心服。

因此，我們在做人做事時，要避免與他人發生爭論。就像睿智的班傑明·富蘭克林（Benjamin Franklin）所說：「假如你總是爭論、辯駁，或許你偶爾能贏，可這種勝利是空的，因為對方內心的好感你永遠得不到。」

如果不能贏得對方內心的好感，那我們的爭論是否也失去了某種意義呢？難道我們用盡腦筋，費盡唇舌，就是為了要那種語言上、表面上的勝利？

林肯曾經這樣罵一位和同事吵架的青年軍官：「任何想有所作為的人，絕不會把時間浪費在私人爭執上。你承擔不起爭執的後果，如發火、失去自制等。在擁有相等權利的事情上，要多讓對方一些；即使在明顯你對的事情上，你也要讓一下。與其和狗搶路，被它咬傷，還不如讓牠過去，否則就算你把狗殺了，你還是已經被它咬了。」

那麼，該如何避免與他人做無謂的爭論呢？

其實，許多人在別人提出不同意見時，出於保護自己的想法和自尊心的需求，第一反應往往是反感、反駁。其實，這樣只會留給人狂妄自大、氣量狹小、聽不進不同的意見、沒有自我批評精神的印象。

我們要做的，首先是要適當地控制自己的情緒。要知道，鬧情緒、發脾氣根本無助於解決任何問題，只會激怒對方，加劇矛盾的更新。

你應先仔細傾聽，讓別人發表意見、把話說完，切不可立即做出回

第六輯 厚黑相容處世，剛柔並濟做人

應，更不要拒絕或爭論。沒有溝通的基礎和依據，只會出現誤解，增加彼此溝通的障礙。只有先多聽聽，聽了以後才有可能進行良好的溝通。

聽完後，仔細考慮對方的意見，用心找出彼此的共同點，因為一旦擁有共同語言，雙方就容易溝通了。分歧縮小了，才能達成共識，化干戈為玉帛。

無論說話做事，我們都應從容以對。又不趕時間，為什麼不給雙方多一些時間呢？不要急於行動，適當地停下來，將事情再多想想，更仔細地考慮一下。有時爭論的氣氛特別緊張時，不妨找個藉口讓大家輕鬆一下，分散大家的注意力，給雙方多一些時間思考。

英國前首相柴契爾夫人（Baroness Thatcher）的手法是「把一件面臨爭辯的事情暫且擱下」。你不要小看這拖延的措施，它可以產生一種意想不到的功效，那就是讓雙方都有機會去反省。絕大多數人在問題未能解決前，都會花點時間想一想。如果錯誤確屬自己，那麼下一次就要有所糾正；如果錯在對方，對方自然也會做出適當的改正或讓步。

掌握了以上這些技巧，我們一般就不會隨便與別人發生無謂的爭論了，自然也不會放任自己白白地浪費別人的好心和善意了。

語言打動人心，贏得顧客上門

英國心理學家歐弗斯托說：「想要說服一個人，開頭就讓他不反對，是最重要不過的事。要使人不反對，先令人不反感。」

一開始就讓對方說「是」，能使他忘掉你們爭執的焦點，願意去做你建議他做的事。當你跟別人交談的時候，千萬不要以討論不同的意見作為開始，而要以雙方同意的事作為開始。奧佛斯屈教授在他的《影響人

類的行為》(*Influencing Human Behavior*) 一書中說：「當一個人說『不』時，他所有的人格尊嚴都已經行動起來，要求把『不』堅持到底。事後他也許會覺得這個『不』說錯了，但是他必須考慮到寶貴的自尊心而堅持說下去。因此，使對方採取肯定的態度，是一件特別重要的事。」

這確是一種非常簡單的技巧，但被許多人忽略了！許多人，一開口就愚蠢地提出別人不能接受的意見，使別人立即採取反對的態度，因而弄得無法實現自己的目標。而有一些人，則在這方面取得了一個又一個的成功。傑克喜歡用弓箭打獵，並且在裝備方面花了不少錢。當弟弟來看他的時候，他想從常光顧的那家店租一張弓帶他弟弟去打獵。但是店員說他們不出租弓，因此傑克就打電話給了另一家商店。

「一個聲音聽起來令人非常愉快的男士接聽了電話，他對我租借一張弓的答覆和原來那家商店完全不同。他說很抱歉他們不再租弓了，因為他們負擔不起。然後他問我以前是不是租過弓，我回答說：『不錯，在幾年前。』他又提醒我當時可能要付二十到二十五美元的租金，我又說了『不錯』。隨後他又問我是不是一個希望省錢的人，當然我又做了肯定的回答。他說他們正在拍賣一些裝備齊全的弓，只要二十八塊五毛五分錢一套，我只要比以前的租金多付三塊五毛錢，就可以買下一整套裝備。就這樣在聽完他的解釋並自我產生了一連串的『是』反應後，我決定買下他推薦給我的東西，並成了他店裡的長期客戶。」這就是傑克敘述的他之所以成為那家商店老顧客的原因，其實就是如此簡單。

那位老闆可謂頗有「心計」，他的高明在於：他可以讓顧客說「是」。我們每一個人在與別人交流時也可以把對方的「不」換成「是」，只要你肯站在對方的立場上，多為對方著想，那麼你提出的所有問題，對方都會給予肯定回答，雙方就會在一種和諧而愉快的氣氛下達到各自的目的與要求。

第六輯　厚黑相容處世，剛柔並濟做人

一般來說，人們都喜歡直接明瞭地亮出自己的觀點，似乎只有這樣才能說服對方，使他們不能再有相異的見解。事實上這種觀點極為錯誤，因為讓別人遵循你的意願往往是引起雙方衝突的導火線。就好像打撞球一樣，從一個方向打擊，它就偏向一方；要使它能夠反彈回來的話，就必須花更多的心思了。

聰明的做法是，跟別人交談時，不以討論異議作為開始，而以強調而且不斷強調雙方所同意的事情作為開始。談話一開始就得到對方「是」的反應，把對方心理匯入肯定方向就順理成章了。

委婉指出他人的錯誤

責備別人的時候應當含蓄一些，不要把話說得太絕；要委婉一些，不要過於率直；要半真半假地說，不要過於嚴肅認真。孔子說：「誠心誠意地勸導他，他不聽從，也就罷了。」這句話不僅可以維持朋友之間的友情，也可以培養人的寬容敦厚之氣。

為他人指出錯誤的最好辦法是以有效的方法使其了解到自己的錯誤，要做到這一點，需要寬容，但絕不是縱容。委婉或間接地提出你的看法，對方更容易接受。

約翰‧沃納梅克（John Wanamaker）每天都要到自己的店裡去一趟。有一次有個顧客等在櫃檯前，沒有人理會她。店員呢？他們正聚集在另一個角落裡聊天嬉笑。沃納梅克沒有說一句話，靜靜走到櫃檯後，親自幫那位女士結帳。他把東西交給店員包裝後便走開了。他沒有直接罵店員，而是用實際行動教育店員。

很多大公司或機構的主管通常難以約見。不可否認，他們的確很

柔和的語言沁人心田

忙,可是他們難以約見的主要原因是下屬過分保護。下屬不願增加上司的負擔,因此擋掉了不少求見者。卡爾‧朗佛曾當過佛羅里達州奧蘭多市的市長,那裡是迪士尼樂園的所在地。他在任的時候,經常要部屬讓市民進來見他,這便是他的「開門政策」。但是市民還是常常被祕書和管理人員擋駕。

後來,市長想出解決的辦法,他把門從辦公室移走。這一象徵性的舉動,顯示了市長的決心,助手們也才把上司的話當回事了。

有許多人在真誠地讚美之後,喜歡拐彎抹角地加上「但是」兩個字,然後開始一連串的批評。舉例來說,有人想改變孩子漠不經心的學習態度,很可能會這樣說:「傑克,你這次成績進步了,我們很高興。但是,你如果能多加強一下代數,那就更好了。」

在這個例子裡,原本受到鼓舞的傑克,在聽到「但是」兩個字之後,很可能會懷疑原來的讚美之辭。對他來說,讚美通常是引向批評的前奏。如此,不但讚美的真實性大打折扣,對傑克的學習態度也不會有什麼幫助。

如果我們改變一兩個字,情形將會大為改觀。我們可以這麼說:「傑克,你這次成績進步了,我們很高興。如果數學方面你再努力些的話,下次一定會跟其他科目一樣好。」

這樣,傑克一定會接受這番讚美了,因為後面沒有附加轉折。由於我們也間接提醒了應該改進的事項,他便懂得該如何改進以達到我們的期望。間接指出別人的錯誤,要比直接說出來得溫和,且不會引起別人的強烈反感。瑪姬‧賈可布有次談到,她如何使建築工人養成事後清理的良好習慣。

第六輯　厚黑相容處世，剛柔並濟做人

　　賈可布太太請了幾位建築工人加蓋房屋。剛開始幾天，每次她回家的時候，總發現院子裡亂七八糟，到處是木頭屑。由於他們的技術較好，賈可布太太不想讓他們反感，便想了一個解決的辦法。她等工人們離去之後，便和孩子把木屑清理乾淨，堆到園子的角落裡。

　　第二天早上，她把領工叫到一旁，對他說：「我很滿意昨天你們把前院清理得那麼乾淨，沒有惹得鄰居們說閒話。」從此以後，工人們每天完工之後，都把木屑堆到園子角落，領工也每天檢查前院有沒有打掃乾淨。

忠言也可以順耳

　　春秋時期，齊相國晏嬰是一位家喻戶曉、德高望重的政治家，人們尊稱他為晏子。他博聞強記、知古通今，歷齊靈公、齊莊公、齊景公三世，任相國達五十七年。他提倡節儉，並能以身作則，盡忠納諫，對國君從來是知無不言，言無不盡。

　　一日，齊莊公在花園裡與妃子下棋，聽說晏子前來求見，就撇下妃子，與這位棋壇高手在棋盤上廝殺起來。

　　晏子也不多話，穩穩坐在那裡，擺開陣勢，一會兒工夫就吃了莊公不少棋子，占盡優勢。但不知為什麼，晏子連連出錯，走了幾步棋，棋局發生了變化。莊公沉著應戰，居然轉敗為勝，贏了一局。

　　莊公疑惑地問：「為什麼這局棋會下得如此差呢？」

　　「臣有勇無謀，輸棋自在情理之中。」晏子手指棋盤說，「下棋是這樣，治理國家也是這樣，如今各國的狀況，已令我很難勝任相國一職了。」

莊公吃了一驚，晏子又說：「近年來，由於您偏愛勇武有力的大臣，使武夫們滋長驕傲情緒，傲視文臣，欺壓百姓，鬧得京城臨淄烏煙瘴氣，許多有才幹的文臣得不到重用，官風民風越來越壞。若對這些人不加以嚴格約束，勢必會出亂子。」

莊公有些自知之明，但身為國君，怎可輕易接受一個臣下的批評呢？於是不服氣地問：「請相國直言，古代有沒有哪一個國君，依靠武力而安邦治國的呢？」

晏子說：「夏朝末年有大力士推侈、大戲；殷朝末年有勇士弗仲、惡來。這些人都是神力無邊、萬夫莫擋之輩，可他們卻不能挽救夏桀、殷紂的滅亡。夏、商的覆滅告訴後世一個道理：光靠勇力而不行仁政，是行不通的。」

莊公仔細體會晏子的肺腑之言，認為他說得很對，就恭敬地表示感謝，並同意從今以後省刑薄斂，施仁政以固國本，讓萬民敬仰自己，讓文臣親近自己。

晏子下棋，開始時猛如虎，顧前不顧後，待到後來欲掙扎時，早已成敗局。他以此吸引莊公提出話題，並順勢轉到以武治國和以仁治國上面來，當莊公不服氣時他又舉出例項，證明以武治國不可行。其婉轉自如的口才技巧，令人嘆服。

忠言逆耳是千百年來被證實的道理，但一個聰明人，不會只顧自己的利益而拒進忠言，他們會講究一定的方式和策略讓忠言不逆耳。在現實生活中，我們經常會遇到由於忠言不順耳而適得其反的情況。

曉豔粗心大意，這一天又丟了好幾百塊錢。好朋友圓圓一聽，馬上就叫起來：「這叫『不聽老人言，吃虧在眼前』！我跟你說過多少次了，

第六輯　厚黑相容處世，剛柔並濟做人

要小心小心再小心，仔細仔細再仔細！你怎麼全當耳邊風了？連自己的東西都保管不好，你還能幹什麼呀！你想想，你都丟了多少東西啦？我上次送你的那個手提包……」

「夠了！你別說了！」曉豔氣呼呼地打斷圓圓的話，「不就是手提包嗎？丟了就丟了，還沒完沒了了！我丟東西我樂意，你管得著嗎？」

圓圓本來是一番好意，可是她的語氣過於生硬，責備多於勸慰，使原本就很沮喪的曉豔更加難受，從而鬧得不歡而散。

可見，同樣是忠言，順耳的話比逆耳的話更能讓人接受，正如甜藥比苦藥更受病者歡迎一樣。因此，當我們向別人提出忠告時，應盡量避免用逆耳的話刺人、傷人，而應該盡可能多地把它轉化成順耳之言，因為這樣往往可以獲得更好的效果。

古語說：「良藥苦口利於病，忠言逆耳利於行。」對於接受忠告的一方來說，這固然是至理名言，因為逆耳忠言能使人從正面去接受別人的意見，

但對於提出忠告的一方來說，卻不宜遵循。因為一般而言，人們大都樂意聽好話，聽別人讚美自己的長處和優點，而不願意聽別人直說自己的短處和缺點。因此，真正能聽得進逆耳忠言的人並不多。而像《孟子》中所說的「人告之以有過則喜」的情況就更是鳳毛麟角了，恐怕也只有子路等大聖人才能有此雅量。

正像人們所比喻的那樣，逆耳的忠言是處在高溫狀態下的金子，它很燙、很熱，只有那些十分了解你的人或者內心修養十分深厚的人，才會忍受那種切膚的灼痛，撿起那金光閃閃的金子。

所以，我們在提出忠告時一定要講究方式方法。畢竟，忠告再有價

值，如果對方不接受，也是惘然。如果我們不論對象、不分場合、不選時機、不講方法地亂提一氣，那麼非但不能發揮應有的幫助作用，反而會讓對方產生反感，甚至引發矛盾與衝突。

解夢家的高明之處

同樣的意思，用不同的方式、不同的語言表達，會產生大為不同的效果。如何巧妙準確地表達自己真實的、真正的意思，又不得罪對方，這需要一顆慧心去慢慢體會。

在生活中，一些批評性建議、硬性規定，以及一些比較特別的要求，直接說出來往往讓人聽了不大舒服；如果說話委婉含蓄謙恭，或是換一個角度，用另一種表達方法，將之變為一種善意的勸誡、提醒和關照，就會讓人聽起來更為舒服，因而也就更容易被接受。

這就是所謂硬話軟說的說話方法，即用委婉的語氣，善意的勸誡、提醒和關照的方式，曲徑通幽地表達批評性建議、硬性規定，以及一些比較特別的要求，使自己的語言變得柔和而又充滿人情味，從而讓人欣然接受和執行。

硬話軟說的方法其實很常見，不只是一些賢人辯士屢屢採用，普通大眾也經常使用，並且樂此不疲。具體做法是先順著對方的意思說開來，然後逐漸深入，引出對方也能接受的道理。這樣對方就會明白自己的錯誤，而接受正確的建議。

從前，一位皇帝夢見自己所有的牙齒都掉了，他嚇出了一身冷汗，覺得很奇怪。他立刻召來一個解夢家，問他這個夢是不是暗含著什麼意義或者預示著將來。

第六輯　厚黑相容處世，剛柔並濟做人

「唉，陛下，很不幸地告訴你，」解夢家說道，「每一顆掉落的牙齒，都代表著您一個親人的死亡！」

「什麼？你這胡說八道的傢伙，」皇帝憤怒地對著他大喊，「你竟敢對我說這種不吉利的話，給我滾出去！」他下令道：「來人啊！打這個傢伙五十大板。」

不久，另一個解夢家被傳召來了，他細心地聽完皇帝講述的夢境，臉上露出一抹微笑，說道：「陛下，我很榮幸能為您解夢，您真是洪福齊天！您將活得比所有的親人都要長久！」

皇帝聽後，立即眉開眼笑，說：「你的解夢之術實在高明啊！」然後，又安排侍從盛情款待他，臨走時還賞賜給他五十個金幣。

一旁的侍從私下問這位解夢人：「就我聽來，你的解釋和第一個解夢人的不都是同一個意思嗎？恕我直言，我並不覺得你有什麼高明之處！」

那聰明的解夢人狡黠地答道：「你說得不錯，不是我的解夢術高明，而是我說話比別人稍稍高明一些。話有很多種說法，問題就在於你如何說！」今日社會，在待人處世中，特別是一些公益和公務活動中，我們常可見到一些社會組織或個人向大眾、屬下等提出一些強制性的要求和規定，如「勿踐踏草坪！」、「禁止翻越護欄！」像這樣帶命令、警告等口氣嚴厲的話語措辭，人聽到或看見都不甚舒服，容易產生反抗心理，又如何能心悅誠服地接受呢？

而如果換用一些語義不具強制性、語氣柔和具有彈性的語言，也就是柔性語言，那效果就會好得多。譬如上面兩句話語，在很多地方就被換成了「青青芳草，踏之何忍！」、「請珍愛生命！」像這樣的字眼，誰看

了都會動心的。

　　柔性語言往往具有規勸或協商等口吻，它傳遞的訊息內容常常具有尊重、體貼、關懷等感情色彩，因而，易於讓人接受和執行，如此一來，說話的目的也就易於達到了。因此在待人接物的過程中，我們要多用柔性語言，即使在不得不使用硬性語言的情況下，也要盡量做一些柔化處理，硬話軟說，使之具有尊重、體貼、關懷等感情色彩，讓人心悅誠服地接受和執行。

第六輯　厚黑相容處世，剛柔並濟做人

第七輯
處世讓一步為高，待人寬一分是福

余行年五十，悟得五不爭之味。人問之。曰：「不與居積人爭富，不與進取人爭貴，不與矜飾人爭名，不與簡傲人爭禮節，不與盛氣人爭是非。」

——《呻吟語》

第七輯　處世讓一步為高，待人寬一分是福

懂分享，知進退

> 不搶功，只會讓你優秀的人格愈加得到體現，讓別人對你更加敬重、佩服，也會使你永立不敗之地。

搶來的方案用不對，真相敗露被辭退

在競爭激烈的工作環境中，有些人不是去創造業績，而是費盡心思地去占有別人的成果、功勞。這樣做的後果只能是損人又不利己。

李霞和丁娟兩人是平時處得不錯的同事。年終的時候，公司舉行推廣策劃評比，優勝者有獎。這是一個很好的機會。李霞經過半個月的深入調查研究，再加上她在平時工作中的觀察思考，做了一個很出色的策劃方案。

在方案提交截止的最後一天，丁娟突然嘆了一口氣，對李霞說：「唉，我心裡真是沒有把握啊！要不你幫我看看方案，提提意見吧！」李霞沒多想，滿口答應下來。丁娟的策劃方案很一般，缺乏新意，李霞看完後沒好意思說什麼。丁娟用探究的目光盯著李霞說：「讓我也看看你的方案吧。」李霞心裡十分不情願，可人家的方案都讓你看了，你的不讓別人看，總有點說不過去。好在明天就要開大會了，李霞心想，就算丁娟想改也來不及了，於是便把自己的方案拿出來給她看。

第二天開會的時候是按資歷深淺的次序發言。丁娟資歷老，按次序先發言。誰知丁娟講述的方案和李霞的一模一樣，在講解時，她對老闆說：「很遺憾，我的電腦中毒了，檔案都被毀了，所以現在只能口頭敘述

方案，不過我會盡快整理出書面資料。」

李霞目瞪口呆，她沒想到丁娟就這樣搶了自己的成果、自己的功勞。李霞不敢把自己的方案交上去，她擔心自己的資歷淺，老闆不相信她。無奈，李霞傷心地離開了這家公司。

丁娟靠搶來的方案得到老闆的認可。但方案不是她的，有些細節她並不清楚，在方案執行的過程中又出了一點漏洞無法及時修正，結果導致失敗。後來老闆得知她搶了別人的方案，就將她辭退了。

不是你的功勞，不要去搶。搶占別人的功勞，等到真相大白時，你將無臉見人，不僅被搶者會成為你的敵人，而且還會失去他人對你的尊重。況且，搶別人的功勞總不是成功的捷徑。高明的上司從來不占有下屬的功勞，因為下屬有功，自然也體現出了上司的功勞。

有一個研究所的副所長負責一個課題的研究，但他行政事務繁多，沒有把全部的精力放在課題的研究上，是他的助手經過潛心研究得出了成果。這個研究成果得到了極大的讚譽，報紙、電視臺的記者都爭相採訪那位副所長。他拒絕了所有的採訪，並對記者們說：「這項研究的成功是我助手的功勞，榮譽應該屬於他。」

記者們都感動於他的誠實和美德，在報導助手的同時，還特別說到了那位副所長坦蕩的胸懷和言語，這使他獲得了很高的評價和榮譽。

做人就要坦坦蕩蕩，不是自己的功勞，就不挖空心思去占有。不搶功，只會讓你優秀的人格愈加得到體現，讓別人對你更加敬重、佩服，也會使你永立不敗之地。

第七輯　處世讓一步為高，待人寬一分是福

放棄眼前小利益，獲得長遠大利益

> 如果你在春風得意時，與人分享了利益，那麼，當你在以後的日子裡遇到困難，就會獲得別人更大的幫助。

用智慧打造一百二十六位百萬富翁

做人要做個萬全的人，對於名利，不要自己全都占盡，要經常分一些給大家，哪怕自己有些缺憾也沒有關係。

為什麼這樣說呢？天下沒有讓自己和別人都順意的事，我有所得別人必然有所失。所以君子應注重德行而謙讓名利，推辭完美而保留缺欠，不爭強好勝地顯露頭角、成為別人的箭靶，要使自己看起來與眾人一樣，如此胸中自會有無限的快樂。

江山不可能只靠一個人打下來。對於一起創業的主要功臣，要捨得封賞，一起分享事業成功的喜悅與勝利的果實。他們不單立下了汗馬功勞，也是創業成功的關鍵。

郭老闆用自己的七萬元開始了創業之旅。而當時同在當地創辦的許多公司多已銷聲匿跡，存活下來的寥寥無幾，而郭老闆的公司不單存活了下來，還在各地擁有了數十家分公司，並於成功上市。這其中奧祕何在呢？

原來，郭老闆成功的同時，還帶動了手下一大批將士的成功。反過來還可以這樣說，正是這一大批渴求成功的將士，將郭老闆推上了成功

放棄眼前小利益，獲得長遠大利益

的頂峰。也就是說，郭老闆和其他創業人士的區別，就在於懂得與眾人分享。

讓我們來看看郭老闆在公司的章程裡所擬定的知識股份制：「公司在初創的時候，就確立了按知識分配為主的分配方式。我們規定，公司的任何人分紅不得超過企業總額的百分之十，董事分紅不得超過企業總額的百分之三十。連續八年，公司把百分之七十以上的現金分紅分給了公司那些不持股的職工，而我們這些董事，公司規定得很清楚，誰離開公司，本金退還，不許持股。所以我們這些董事又都是公司總裁、副總裁，參與的也是知識分紅。」

這個章程為整個公司的員工描繪了一個多麼美好的明天。郭老闆也一直在為員工們勾畫著百萬富翁的夢想。但許諾的股份畢竟不是現金，郭老闆如此苦心地追求與員工們共同分享日後的成功，在許多員工眼中，也不過是一個烏托邦。郭老闆十幾年間極力推行的知識股份制曾一度被人指責為「騙人的把戲」。某年公司虧損兩千萬，只有一兩個部門可以拿到超額獎，許多員工便紛紛離開。離開的員工甚至抱怨說：「你在用這種方式騙人。」

但還是有一批核心人員、忠誠的老員工選擇留下來。創業人士能夠與員工同享富貴，員工才能與創業者患難與共，同舟共濟。郭老闆「知識股份制」的制度安排，成了企業的核心競爭力。為了那個美好的夢想，為了自己的生存和安全需求，也為了老闆的慷慨，為了老闆對自己的尊重，留下來的員工齊心協力，幫助郭老闆度過了困難時期。

與他人分享不只是慷慨，更多的是明智。了解這一點對創業人士而言尤其重要。郭老闆的成功便印證了這一點。如果不是他早就在公

第七輯　處世讓一步為高，待人寬一分是福

司章程裡做出願與員工共同分享的制度安排，公司不會一下子就冒出一百二十六個百萬富翁，很可能早就已被淹沒；即便不被淹沒，也絕不會有今日的輝煌，郭老闆也不會成為億萬富翁。

而當初與郭老闆同在當地同時起步的創業人士，大多堅持低成本運作，對自己的員工很吝嗇，能少給一分，就不多給一分。雖然當時這個行業的收入可觀，他們也在很短時間內買了車買了房，但如今，即使那些仍在當地堅持算是小有成就的創業人士，也總不成氣候，員工也走馬燈般不斷更換。

郭老闆有一番高論：「許多企業有一百萬利潤就分裂，有兩百萬利潤就打架，為什麼呢？就在於這個公司只有一個老闆，老闆拿走絕對的利益，而這個公司又不是靠老闆的資本來推動發展的，當它的主體變為靠知識推動的時候，企業就要不斷地分裂，所以那些企業成功的不多。」

真是一語驚醒夢中人。「獨享」的創業人士做不成大事。創業人士若不懂得分享，大家一起開創一番事業，老闆大把大把地賺錢，一同打江山的身邊人卻還是拿著那一份微薄的薪水，誰心裡會舒服，誰還會一直跟著你喝西北風呢？

如果你想創立一番事業，那你更要懂得與他人分享。一個不懂得與他人分享的人，不可能將事業做成功。「與他人分享的願望」不僅是現實中的哲學，也包含著不少科學的道理。

因此，只有善於與員工分享，與客戶分享，與親朋或同道之人分享，大家才能齊心協力，同舟共濟，共同為美好的事業而奮鬥。

貪圖小利，亡了國家

人生如白駒過隙一樣短暫，生命在擁有和失去之間，不經意地流乾了。欲望不死，追求就不會停止。但理想與現實的差距，讓我們不得不學會取捨，當魚和熊掌不可兼得之時，要麼捨魚而取熊掌，要麼失熊掌而獲魚。身處兩難境地，到底取哪個更好，是對人心的考驗，是對智慧和勇氣的考驗。

失去了太陽，你還有星光的照耀；失去了金錢，你還會得到友情；當生命也離開你的時候，你還能擁有大地的親吻。捨棄了虛偽，就會獲得真實；捨棄了無聊，就會獲得充實；捨棄了浮躁，就會獲得踏實。《老子》言：「禍兮福之所倚，福兮禍之所伏。」俗語說，有得必有失。反過來，有失必有得。因而得到了不一定就是好事，失去了也不見得就是件壞事。不論是有意的丟棄，還是意外的失去，總有一些東西你會得到，短暫的痛苦若能換來長久的快樂，一時的付出若能得到永遠安寧，又有什麼不可以呢？誰又能說明智的捨棄不是一種更大的獲得呢？

從前，在鄭國的西北方向有一個小國，叫胡國。

鄭武公時時關注著水草豐美的胡國，總想一口吞併它。可是，胡國人個個擅長騎馬射箭，勇猛剽悍，而且始終嚴密警惕著鄭國，在邊防的關隘也增加了很多將士。因此，鄭武公不敢輕舉妄動。

後來，精通心理戰的鄭武公想出了一個計策。他派遣大臣，攜帶厚禮，前去胡國請求將鄭國公主嫁與胡君，胡君不知是計，欣然答應了。

鄭國公主出嫁的那天，兩國舉行了隆重的婚禮。公主帶去一大群陪嫁的美女嬌妾，成天在內宮裡歡歌醉舞，使胡君沉湎於聲色犬馬之中。

過了一些日子，鄭武公召集文武百官，問道：「寡人準備用兵奪地，

第七輯　處世讓一步為高，待人寬一分是福

你們看看，哪個國家可以討伐？」大家都面面相覷，不敢吱聲。

有個叫關其思的大夫知道大王平素總是垂涎胡國，便上堂答道：「可以先討伐胡國。」鄭武公一聽拍案大怒，厲聲罵道：「大膽，胡國乃我們兄弟鄰邦，你竟敢慫恿我去討伐，快推出去斬首示眾！」

消息傳到胡國，胡君越來越信賴鄭國，於是邊防日弛，兵馬不操。在一個黑夜裡，鄭國出奇兵偷襲，不費吹灰之力就占領了胡國。

如果一味貪圖小恩小惠，被假仁假義迷惑，就會像胡國一樣，終不免遭受滅頂之災。

許多人在交往中都是唯恐自己吃虧，甚至總期待占到一點便宜。他們不會想到，「吃虧」其實是一種明智的、積極的交往方式，在這種交往方式中，由吃虧所帶來的「福」，其價值遠遠超過了所吃的虧。心理學家提醒我們，不要害怕吃虧。

一方面，天下沒有白吃的虧。我們所給予對方的，會形成一種社會儲存，終將以某種我們常常意想不到的方式回報給我們。而且，這種吃虧還會贏得別人的尊重，反過來將增加我們的自尊與自信。

另一方面，人際交往中的吃虧會使自己覺得自己很大度、豪爽、有自我犧牲精神、重感情、樂於助人等等，從而提高了自己的精神境界。同時，這種強化也有利於增加自信。這些心理上的收穫，不付出是得不到的。但是吃虧要吃在明處，否則就是白吃。你吃虧時，至少要讓對方明白，讓對方意識到，你吃虧是為了幫助他。有的人為了息事寧人，往往去吃暗虧，結果是「啞巴吃黃連，有苦說不出」。

從以上兩方面看來，吃虧帶給我們的是一個美好的人際交往世界。

鈔票數得最少，資金拿得最多

電視上有一個娛樂節目，內容就是數鈔票比賽。主持人拿出一大沓鈔票，面值不一且雜亂重疊，在規定的三分鐘內，讓現場選拔的四名觀眾進行清點，誰數得最多，數目又準確，誰就可以獲得自己剛剛所數得的現金。主持人將遊戲規則一宣布，頓時引起全場轟動。大家都認為，在三分鐘內，數不出幾萬，應該也能數出幾千來吧。而在短短的幾分鐘內，就能獲得幾千塊錢的獎勵，能不叫人激動和興奮嗎？

遊戲開始了，參賽的四個人埋頭迅速地數起了鈔票。當然，在這三分鐘內，主持人是不會讓你安心點鈔的。他拿著話筒，輪流給參賽者出腦筋急轉彎的題目，來打斷他們的正常思路，並且，只有答對題才能接著往下數。

幾輪提問下來，時間就到了，四位參賽觀眾手裡各拿了厚薄不一的一沓鈔票。主持人拿出一支筆，讓他們寫出剛才所數鈔票的金額。第一位，三千四百七十二元。第二位，五千八百三十六元。第三位，四千八百八十九元。而第四位，只數出區區五百元。

當主持人報出這四組數字的時候，臺下頓時一片鬨笑聲。臺下的觀眾都不理解，為什麼第四位觀眾數得那麼少呢？

這時，主持人開始當場核對各位參賽者所報鈔票數目的準確性。眾目睽睽之下，主持人把四名參賽觀眾所數的鈔票重新數了一遍，正確的數目分別是：三千三百七十二、五千八百三十一、四千八百七十九、五百。也就是說，前三名數得多的參賽觀眾，不是多計了一百元，就是少計了五元或者十元，距離正確數目，都有一「票」之差。只有數得最少的第四位，才完全正確。

第七輯　處世讓一步為高，待人寬一分是福

按遊戲規則，也只有第四位觀眾才能獲得五百元獎金，而其他三位參賽觀眾，都只是緊張地做了三分鐘的無用功。

看到這樣出乎意料的結果，臺下的觀眾議論紛紛。這時，主持人拿著話筒，很嚴肅地告訴大家一個祕密：自從這個節目創辦以來，在這項角逐中，所有參賽者所得的最高獎金，從來沒能超過一千元。

全場觀眾若有所悟。主持人最後說：「有時，聰明的放棄，其實就是經營人生的一種策略，也是人生的一種大智慧。不過，它需要更大的勇氣和睿智。」

要想成功就要學會放棄，只有放棄眼前小利益，才能獲得長遠大利益，這就是成功之道。聰明的放棄，表面上看是失去，而實際上卻能讓你得到更多。就像在你擁有六個蘋果的時候，如果你把六個蘋果全都吃掉，你也只吃到了一種味道，那就是蘋果的味道；如果你把六個蘋果中的五個拿出來分給別人，儘管表面上你丟了五個蘋果，但實際上卻得到了五個人的友情和好感，當別人有了別的水果的時候，也一定會和你分享，你會從這個人手裡得到一個橘子，那個人手裡得到一個梨，最後你可能就得到了六種不同的水果，六種不同的味道，六種不同的顏色和五個人的友誼。

人一定要學會用自己擁有的東西去換取對自己更加重要和豐富的東西。所以說，放棄是一種智慧。每一次放棄都必須是一次昇華，否則就不要放棄；每一次選擇都必須是一次昇華，否則就不要選擇。做人最大的樂趣就在於透過奮鬥去獲得我們想要的東西，有缺點意味著我們可以進一步完美，有匱乏之處意味著我們可以進一步努力。

心生嫉妒扒瓜秧，讓人三分好鄰邦

《聖經‧馬太福音》中說：「你希望別人怎樣對待你，你就應該怎樣對待別人。」正所謂，「人爭一口氣，佛爭一炷香。」你若得寸進尺，人便得尺進丈；你敬人一尺，人也會敬你一丈。為日常生活中一些雞毛蒜皮的小事鬧得面紅耳赤，打得頭破血流，實在是不如心平氣和，讓人三分，彰顯出自己不一般的氣度來得划算。

清朝康熙年間，官至文華殿大學士兼禮部尚書的張英，一日忽然接到老家書信。拆開一看，方知家人與鄰居發生爭執，起因是隔開兩家院子的牆塌了，重新砌牆時都為多占些地皮而寸土不讓。家人捎書來請他出面說話，以讓鄰居退讓。

不久，張英的家人收到了盼望已久的回信，裡面卻只有一首詩：千里修書為打牆，讓他三尺又何妨。萬里長城今尚在，不見當年秦始皇。

家人明白了其中的道理，主動往後退讓三尺，鄰居見狀，深感其義，也往後退讓了三尺，於是中間就出現了一條六尺寬的胡同，可供村民行走。村人於是將這條胡同命名為「仁義胡同」。

「讓他三尺又何妨」──說得真好！它讓人們懂得了謙讓是美德。試想，如果當初張英不是勸說家人退讓，而是借勢壓人，或慫恿家人與對方抗爭，那結果又會怎麼樣？

做人做事要懂得退讓，這不是軟弱，而是尊重對方，同時也體現出自己的實力，是容忍大度、識大體的表現。退讓一步，海闊天空。在有矛盾糾紛時，退讓能夠將大事化小，小事化了，帶來雙方關係的和平與融洽。

第七輯　處世讓一步爲高，待人寬一分是福

戰國時期，梁、楚兩國相鄰。梁國邊境縣的縣令一職由梁國的大夫宋就擔任。

兩國邊境的百姓各種了一塊瓜田。梁國邊境的百姓十分勤勞，肯於吃苦，經常澆水灌溉他們的瓜田，因此他們的西瓜長勢很好。而楚國邊境的百姓比較懶惰，很少去澆灌他們的瓜田，他們種的西瓜長勢自然不好，有的瓜秧甚至根本就不結瓜。

看到梁國的瓜田綠油油的，比自己的瓜田長勢好，楚國邊境的百姓十分妒忌，就在夜間偷偷去扒亂梁國的瓜秧，使梁國的瓜秧不少枯乾而死。

不久，梁國邊境的百姓發覺這件事，氣憤不過，就向縣尉請求：允許他們也偷偷到楚國的瓜田，扒亂瓜秧，進行報復。

因為這件事可能引發兩國邊境爭端，事態嚴重，縣尉不敢擅自做主，便去請示縣令宋就。

宋就知道了以後，說：「唉！這是什麼話！這是結怨招禍的辦法，如果真的這樣做了，對雙方都沒有好處。我來教給你處理這件事的辦法：每天夜晚派人前去偷偷地幫對方澆灌瓜田，還不能讓他們知道。」

縣尉聽了，感到很為難，但這是縣令的意思，他不敢違抗，只好把縣令的話轉告給了百姓。百姓更不明白這其中的意思，但這是縣令的命令，他們不敢不照做。

於是，梁國邊境的百姓就在每天夜裡偷偷地澆灌楚國邊境的瓜田。就這樣，在梁國邊境百姓的幫助下，楚國邊境的瓜田長勢一天比一天好起來。楚國邊境的百姓感到十分奇怪，便暗中察訪，才知道是梁國邊境的百姓在偷偷幫他們灌溉瓜田。

楚國邊境的百姓大受震撼，便把這件事向縣令報告了，縣令聽後就把這件事呈報給楚王。

楚王聽了這件事，對國人的表現感到十分慚愧，就對縣令說：「你們除了扒亂人家的瓜秧，能沒有其他罪過嗎？」楚王的言外之意是要求縣令嚴格約束部下，檢查有沒有其他向對方挑釁的行為。同時，梁國百姓的做法也讓楚王十分感動，他派人帶著豐厚的禮品向梁國邊境的百姓道歉，並請求與梁王交往。從此兩國建立了很好的邦交。

梁國百姓沒有計較楚國百姓對他們瓜田的破壞，而是用自己的行動展示了他們對鄰國的友好，從而促使兩國建立了友好邦交關係，換來投桃報李的良好結果。

生活在凡塵俗世，難免與人碰撞摩擦，難免被人誤會猜疑，如果非得以牙還牙拚個你死我活，非得為自己辯駁澄清，必然導致兩敗俱傷。

「讓他三尺又何妨」──當你面對矛盾與摩擦時，不妨想想這話，它會幫你做出理性的選擇！但願人與人之間多一分理解和寬容，少一分衝動和遺憾！

第七輯　處世讓一步為高，待人寬一分是福

讓出榮譽，明哲保身

> 每個人都喜歡榮譽，當你獲得名利時，記得與人分享，讓自己盡量淡泊名利，保持一顆平常心，這樣才可以獲得尊重，得到幸福。

憑才華獲得榮譽，因獨享丟了工作

美好的名譽人人皆愛，要知道人們苦苦追求的除了金錢之外就是名譽了。但是為人處事切不可邀功諉過，好處應該留些給別人。獨占功勳不僅不會帶給自己更多的好處，甚至還會引火焚身，因為獨享榮譽是一個典型的容易激起他人心中不滿並使其心生恨意的原因。

西元前四七八年，斯巴達派遣年輕的貴族卡阿尼斯率領遠征軍討伐波斯。希臘城邦剛剛擊退了來自波斯的侵略，卡阿尼斯和其他三名貴族，率兵乘勝追擊懲罰侵略者。

卡阿尼斯與同伴浴血奮戰，很快就奪回了被波斯占領的地方。勝利而歸的卡阿尼斯等人受到了人們的熱烈歡迎，尤其是勇氣可嘉的卡阿尼斯更是贏得了人們的敬重。

然而，在慶功宴上，卡阿尼斯卻獨攬了風光，接受著最高的榮譽和讚賞，其他三名貴族則被冷落到了一旁。於是極其妒忌並對其極為不滿的貴族們經過密謀，商量出了一個對策。

不久就有傳言稱，卡阿尼斯與波斯相互勾結企圖摧毀斯巴達。當局立即下令拘捕卡阿尼斯，他不得不倉皇出逃。這位昔日的英雄最終被憤

怒的人們燒死在荒野外的一個茅屋中。

「居功」的確可以凝聚別人羨慕的眼光，可令你獲得很大的成就感，但如果你想把功勞一個人占盡，企圖讓光環僅圍繞自己一個人轉，那就是自私而愚蠢的想法了。因為你的榮譽會令別人變得黯淡，甚至令人產生一種不安全感；你的存在也會造成他人威脅，儘管你並未做任何傷害他人的事。相反，你的感謝、分享、謙卑，卻是他們的一顆定心丸。因此，當你的工作和事業有了成就時，千萬不要獨享榮譽，否則這份榮譽會為你帶來人際關係上的危機。

有個年輕人，大學畢業後在一家雜誌社工作。他很有才氣，所負責的雜誌也很受歡迎，有一年還獲得了國家級大獎。

他得了大獎，除了國家頒發的獎盃之外，社長還另外給了他一個紅包，並且當眾表揚了他的工作成績。但是他並沒有現場感謝上司和下屬的協助，更沒有把獎金拿出一部分來請客。大家雖然表面上不說什麼，但心裡都感到很不舒服：雖然雜誌是你主編的，可是這裡面也傾注著我們的心血呀，總不能提都不提一句吧！開始大家和他交往都還過得去，他也感覺身上罩著一層光環似的。可是時間長了，社裡的同事，包括他的上司和下屬，都在有意或無意間和他作對。

不可否認，這份雜誌之所以能得獎，他的貢獻最大。但是當有好處時，別人並不會認為某某是唯一的功臣，總是認為自己沒有功勞也有苦勞，所以他獨享榮譽，當然就引起別人的不舒服了。尤其是他的上司，更因為這件事情而惴惴不安，害怕失去權力，為了鞏固自己的領導地位，不再對他委以重任。結果兩個月後他就被迫辭職了。

與人共事時要切記不獨享榮譽這個道理，尤其是管理者，如果只知

第七輯　處世讓一步為高，待人寬一分是福

道邀功諉過，必將得不到下屬的信任和敬重，團隊士氣也將因此大打折扣，事業更不會順利進展。

為什麼名人在接受採訪的時候，總要感謝家人、老師、同學、朋友、上司、工作人員，甚至對手⋯⋯你不要認為這是華而不實的形式，不值得效仿。

記得感謝同事的協助，感謝上司和地位高的人，感謝他們對你的提拔和精心栽培。這絕對不是諂媚逢迎，而是為消除別人對你的嫉妒。每個人都希望自己與榮譽和成功連結在一起，你的感謝會讓他人反過來感謝你注意到了他們。如果你感謝的是下屬，你得到的將更多，他們會更加賣力地為你工作。

你主動分享榮譽能讓別人有受尊重的感受。如果你的榮譽是靠眾人協力而獲得，那麼你就更不應該忘記這一點。小的榮譽請人吃糖，大的榮譽請客吃飯，那麼對方自然不會和你作對，反而會更加尊重你了。

與其圖得虛名，不如拱手相送

《四十二章經》中說：「人隨情慾求華名，譬如燒香眾人聞其香，而香以燻，自燒。」佛教對人們追求那些沒有任何實際價值的名聲的行為一向貶斥。日蓮和尚曾經說道：「被愚人稱讚乃是最大的恥辱。」

人們不懂得名聲其實是虛名，時常有人稍有名氣就到處洋洋得意地自誇，喜歡被一些人奉承。作為一個聰明人，你應該知道，名聲沒有實體，它不過是偶爾被人們談論的話柄。一個能淡泊名利的人，難免會被那些熱衷名利的人懷疑；一個言行謹慎處處檢點的真君子，常常會遭到那些肆無忌憚的人的嫉妒。所以，當你不幸處在這種既被猜疑又遭嫉恨

讓出榮譽，明哲保身

的惡劣環境中時，最好不要譁眾取寵，而應憑藉自己的才華和節操創造立世的根基。

名，是一種榮譽，一種地位。常常與名相連的還有利，有了名，就可能享受更大的權利；有了名，通常萬事亨通。總之，名利這東西的確十分誘人，多少人立足於社會、搏擊於人生的動力正來自於此。

我們應該知道，無論是官場、生意場，或是其他社會圈子，名利雙收者畢竟是少數，更多的人為名利所困擾，因過分追求名利而落敗。既然現實生活如此嚴酷，那我們為什麼不把名利看淡一些，為什麼不能視名利如過眼煙雲呢？其實生活的道路很寬闊，人生的價值並不全能用名和利來衡量，因此如果想活得有滋有味，就應該將名利的砝碼減輕幾分，看開名利，看淡名利，活出生活的本色來。

孟子曾說：「養心莫善於寡欲。其為人也寡欲，雖有不存焉者，寡矣。其為人也多欲，雖有存焉者，寡矣。」意思是：如果一個人心中的欲望有限，那麼對他來說，外界獲得的東西是多是少都與自己無關，少了不足以產生內心的不平衡，而多了也不會助長他的欲望；但如果一個人充滿無盡的欲望，那麼他永遠也不會有舒心的時候。

在名和利的驅動下，很多人一心想往上爬、賺大錢，而名利增長了以後，欲望再一次提升，如此循環下去，永遠追求著名利，直到生命的盡頭仍然得不到滿足。孟子在這裡對清心寡欲的好處和欲壑難填的弊端真是論述得恰到好處。

一個人的精力是有限的，最易疲勞的是心，如果心靈得不到解脫，終日為名為利而忙碌，終會有心衰力竭的時候；如果能看淡世間的名利，時常保持一種寧靜的心態，那麼我們就會有更充沛的精力去做自己喜歡做的事，而不會被外物役使而中斷了自己的前程。

第七輯　處世讓一步為高，待人寬一分是福

古語云：「毀或無妨，譽則可怕。」如果不能正確對待名和利，那麼已有的名利就會產生相當危險的負面效應，尤其是那些人生觀不太牢靠、在事業上淺嘗輒止的人，很容易被捧殺，造成事業上的曇花一現。

所以，我們要把名利看淡一些，當名利場中的過客。如何才能做到呢？首先，對不屬於自己的名和利，絕不強求。如果做一個沽名釣譽者，即使能暫時獲得某些大紅大紫的虛榮，但待日後真相大白時，也必然會有無窮無盡的煩惱接踵而來。其次，對於那些勉強可以擁有的名和利，要有一種謙讓的精神。推讓給他人不僅會融洽同事間的關係，也是個人具有自知之明的一種表現。再次，即使是自己應得的名和利，也要善於把它們化為前進的動力，絕不能使之成為人生的負累、前進的阻力，絕對不能把名利當作炫耀的資本。我們知道，滿桶水不響，半桶水晃盪，我們絕不能做「半桶水」。深知人外有人，對待功成名就有一種謙遜的態度，能自覺地在名利場中做看客，這樣的人有一種廣闊的心境，自然能自得其樂。

在現實生活中，一些名人總是受到人群的圍觀騷擾，連散步、購物之類基本的行動自由都很難得到保證，因名聲引來的各式各樣千奇百怪的麻煩事乃至災禍，在報刊上也比比皆是。

「我的上帝，我此後的生活又將怎樣呢？」這是李政道知道自己榮獲諾貝爾獎時發出的一聲感嘆。他當時的心情並不是和一般人所想像的那樣，被歡欣與高興充斥，而是更長遠地考慮到了自己獲獎之後的人生道路該怎麼走。眾多的事實表明，獲得諾貝爾獎那樣舉世矚目的大獎，能使獲獎的科學家在一夜之間成為人人皆知的名人，而這對他們日後包括科學研究在內的各項人生抉擇，都將產生巨大的影響。其中負面影響至少有這麼幾項：在獲獎者與自己以往親密的同事之間劃出一道鴻溝；少

數獲獎後的科學家將主要精力放在社會領域與政治活動中，自覺或不自覺地充當了賢明的社會角色；因為公眾將他們視為權威，他們也會遭受到名人所遭受的騷擾，對他們繼續潛心於科學研究不利。有一位諾貝爾獎得主回憶說：「我得獎的那一年真糟糕，得獎當然極好了，但一年內我什麼工作也沒做。」

《菜根譚》中說：「世人知道擁有名聲地位是令人快樂的事，卻不知道沒有名聲地位的快樂才是真正的快樂；世人知道挨餓受凍是令人憂慮的事情，卻不知道不愁吃不愁穿而精神上有某種痛苦才是真正的痛苦。」

這就告訴我們，平凡的人生才是幸福的，靜靜地生活，靜靜地享受，用不著去承受大起大落，也用不著去追求大富大貴。只可惜世人都不珍惜自己擁有的平凡生活，終日為名利忙碌、四處奔波，等真正明白什麼是幸福時，已為時晚矣。世人為了更高的職務不辭辛苦，為了更多的利益絞盡腦汁尋找達到目標的手段和妙方，殊不知在不知不覺中已經玷汙了自己純潔的心靈，即使撈到了一丁點名利上的好處，卻已不受人喜愛，這才是真正的悲劇。

第七輯　處世讓一步為高，待人寬一分是福

面子給人方可情誼長存

> 每個人都講自尊、要面子，不管你做什麼事情，都要為別人考慮，替別人留面子。人的交往是相互的，只有這樣，別人才會尊重你，給你面子。

面子是人際交往的行為底線

俗話說：沒有永遠的朋友，也沒有永遠的敵人。敵人與朋友之間的差別，有時候只是在於「面子」上是否過得去。

面子是人際交往時的行為底線，說白了就是尊嚴，被人重視，被人尊重。世界上任何一位真正偉大的人，都善於保住失敗者的面子，而不會得意忘形地陶醉於個人的勝利。要知道，把對方逼上絕路只會導致負隅頑抗。西元一九二二年，土耳其在與希臘經過幾個世紀的敵對之後，下決心把希臘人逐出土耳其的領土。最終土耳其獲得了勝利。當希臘的兩位將領——迪利科皮斯和迪歐尼斯前往土耳其總部投降時，土耳其士兵對著他們大聲辱罵。但土耳其的總指揮凱末爾（Kemal）卻絲毫沒有表現出勝利者的驕傲，而是握住他們的手說：「請坐，兩位先生，你們一定走累了。」接著，他以對待軍人的口氣說：「戰爭中有許多偶然情況，有時，最優秀的軍人也會打敗仗。」

這使兩位敗軍之將十分感動，並沒有因吃了敗仗投降而產生沉重的羞辱感。後來希臘和土耳其兩國之間也並沒有大的怨隙，更沒有因戰爭而絕交。凱末爾將軍一番得體的話讓敵人保住了面子，也贏得了發展友

誼的可能性。試想，倘若凱末爾也像士兵那樣羞辱兩位投降的將軍，使他們心懷怨恨，那麼，可想而知，不但友誼無從談起，戰事在將來也會不可避免。

因此，在為自己爭得面子的同時，不要忘了留些尊嚴給別人。愛護別人甚至死敵的面子，留下迴旋的餘地，這一點非常重要。雖然不一定與敵人成為朋友，但只要不使敵人顏面盡失，產生不共戴天的仇恨，一般情況下不會成為「死敵」。

雖然有時候人們知道自己在想什麼，也知道自己有某種需求，但是，由於受到「面子」的影響，他們的行為與實際的需求無法很一致地表現出來。他們必須賦予他們的行為某種裝飾，以便在外觀上讓別人看了有更高的評價。正所謂「人要面子樹要皮」，人們在社會中的交往，需要一定的尊嚴來支撐，這是人性的弱點。明白了這點，才能體會到「敬」字的必要性。

問題自己解決，面子留給別人

人人都有自尊心和虛榮心，甚至連乞丐都不願受嗟來之食，因為太傷自尊、太沒面子，更何況是原本地位相當、平起平坐的同事。聰明人在與同事交往的過程中，從不把話說死、說絕，說得自己毫無退路。例如，「我永遠不會辦你所搞砸的那些蠢事。」、「誰像你那麼不開竅，要是我，幾分鐘就做完了。」、「你跟某某一樣情商低，看他那巴結的樣子。」這些話無論誰聽了都不會痛快。人人都很愛惜自己的面子，而這樣絕對的斷言，顯然會大大損人面子。

真正有遠見的人不僅在與同事一點一滴的日常交往中為自己累積最

第七輯　處世讓一步為高，待人寬一分是福

大限度的「人緣」，同時也會留給對方相當大的迴旋餘地。替別人留面子，實際上就是替自己賺面子。

化解困窘或危機，有很多技巧可用。譬如，有時候可以偷換概念，故意在領會對方的意思時出現偏差失誤，以求達到對自己有利的效果。在日常生活和工作中，巧妙地運用這種技巧，可以很好地化解自己面臨的困窘或危機。

時時想到保留他人的面子，這是何等重要的問題！而我們卻很少有人考慮到這個問題。許多人常常喜歡裝腔作勢、我行我素、挑剔、恫嚇，在眾人面前指責同事或下屬，卻沒有考慮到是否傷了別人的自尊心。其實，只要多考慮幾分鐘，講幾句關心的話，為他人設身處地想一下，就可以緩和許多不愉快的場面。

要記住，不要讓人失面子，尤其是不當眾指出上司的錯誤。人都愛面子，你給他面子就是給他一份厚禮，就相當於承認他比自己尊貴，他領了情，以後也一定會對你做出相應的回報。可以說，這是人際交往中不可或缺的規則。

古代有位名叫郭解的大俠。有一次，洛陽某人因與他人結怨而心煩，多次請求地方上有名望的人士出來調停，與之結怨的那個人就是不給面子。後來他找到郭解，請他來化解這段恩怨。

郭解接受了這個請求，親自上門拜訪與洛陽某人結怨的那個人，努力說服，好不容易使他同意和解。照常理，郭解此時不負重託，完成這一化解恩怨的任務，可以說是功德圓滿了。可郭解還有高人一招的棋，有更巧妙的處理方法。

一切講清楚後，他對那人說：「聽說過去有許多當地有名望的人調解

過這件事，但因不能得到雙方的共同認可而沒能達成共識。這次我很幸運，你也很給我面子，讓我解決了這件事。我在感謝你的同時，也為自己擔心。我終究是外鄉人，在本地人出面不能解決問題的情況下，我這個外地人卻解決了，未免會使本地那些有名望的人感到丟面子。」他進一步說，「請你再幫我一次，假裝並未同意和解。等我明天離開此地，本地幾位紳士、俠客還會上門，你把面子給他們，讓他們完成此一美舉吧！拜託了。」

郭解把自己的面子扯下來，決意送給其他有聲望的人，其心態之高，其心態之平，實在令人佩服。

當然，給別人面子一定要自然，不要讓對方覺察到這是你有意使然，否則便顯得你很虛偽，別人對這種面子也不會感興趣。很多情況下，起初你還能以理智自持，到後來，或許因感情一時衝動，好勝之心勃發，擔心自己沒有珍惜體現自身價值的機會，於是有意無意間在語氣上、舉止上流露出故意讓步的意思，這時你之前的推讓就是白費心機了。

給人面子應成為自己處身立世的自覺行為，這樣才能實現它的真正意義，否則便違背了人情帳戶的操作規則。

如何交友就是一個如何做人情的問題。朋友之間沒有人情往來，友誼就會淡漠，甚至消失。朋友之間人情不但要做，而且一定要做足。

人情做充分，就是不僅要做完，還要做好，做得漂亮。如果你答應幫朋友辦某件事，就要盡心去做，不能做得勉勉強強。如果做得太勉強了，即使事情成了，你勉強的態度也會讓他在感情上受到傷害。

做足人情，還有一個意思，就是你欠了朋友的人情，還的時候，要

還足,甚至還更多。你的人情大於他的,他就得記著新的人情。朋友之間的帳,永遠也算不清,從某種意義上講,這種算不清的帳,無疑成了與朋友之間連結的一種紐帶。

朋友之間的情誼,是用人情維繫的,所以在做人情方面,一定要看得開,決定去做的人情,一定要做足。做足人情並非自己「自作多情」、「一個願打,一個願挨」,而是「放長線釣大魚」。人情做足了,才具有殺傷力。

把人情做足,好人做到底,在朋友最困難、最需要幫助的時候,給他幫助,那麼,日後你得到的回報將會更大。

批評也要講求策略

「請提寶貴意見。」人們說這句話的時候,心裡期待的往往只是對方的讚揚。坦率提出批評意見的人,即使不因此招人怨恨,至少也難以受到歡迎。這是因為人類都有強烈的自尊,都有面子需求,都希望受到表揚而拒絕批評。明知別人有過失而不及時批評糾正,無異於慫恿其繼續犯錯,但在提意見時施行「無麻醉手術」,嚴詞直道可能使對方加劇錯誤的程度。

如同讚美有助於敞開一切大門一樣,在批評中加入一些褒揚,就會滿足對方的面子需求,有助於克服批評中經常遇到的面子障礙。而一旦發生這種面子障礙,受批評者就會產生牴觸情緒乃至強烈的對抗情緒,容易變得非理智,以固執己見來排斥批評。

有「心計」的人會寓批評於褒揚之中,替苦口的「良藥」包裹上一層糖衣,從而使對方順利地接受批評。當然,批評的藝術方法還有許多

種，但均要求優先考慮對方的心理，一般都要照顧對方的面子，例如不點名批評法、旁敲側擊的暗示批評法、私下批評法、由回憶自己的過失而來的間接批評法等等。

一天，史瓦布先生去廠房巡視，無意間發現一夥工人正圍在牆角抽菸，而牆上卻明確地寫著「嚴禁煙火」四個大字。當時，他非常生氣，可是他強壓著心頭的怒火，並沒有理直氣壯地質問他們，或者對他們當頭棒喝。

相反，他悄悄地走過去，然後掏出自己的菸盒，遞給每個人一支菸，然後若有所指地說：「走！大家還是到離廠房遠一點的地方抽吧！」

那些工人聽此言後意識到自己犯了一個原則性的錯誤，而面前的上司竟然如此寬容，一個個非常自責，都下定決心以後一定不再犯同樣的錯誤。很多時候，當下屬犯了錯誤時，領導者都會嚴詞批評一番，有時甚至將員工罵得狗血淋頭。在他們看來，似乎這樣才會達到殺一儆百的作用，才能體現規章制度的嚴肅性，才能顯示出領導者的威嚴。

其實，有的時候過於關注員工的錯誤，尤其是一些非原則性的錯誤，會大大挫傷員工的積極性和創造性，甚至會使員工產生對抗情緒。因為批評和被批評的過程通常不是在心平氣和中進行的，並且當下屬遭受批評過多時，情況更加糟糕。英國行為學家波特指出：「當遭受許多批評時，下級往往只記住開頭的一些，其餘的就不聽了，因為他們忙於思索論據來反駁開頭的批評。」

在指責別人錯誤的時候給人當頭一棒往往會傷害別人的自尊心，而旁敲側擊不但讓人易於接受，還可以留給人好印象。玫琳凱公司創始人玫琳凱‧艾施（Mary Kay Ash）女士遵循這麼一條原則：不管要批評的是

第七輯　處世讓一步為高，待人寬一分是福

什麼，你必須找出對方的長處來讚美，批評前和批評後都要這麼做。玫琳凱把這一原則稱為「三明治策略」。

我們知道，批評只有被對方從內心接受才能生效。這就意味著，批評雖然有道理，但不等於被對方接受。其實，人的心理都一樣，那就是希望自己得到上司或四周的人的尊重，沒有比受人輕視更讓人感到不愉快的事情了。

心理學研究顯示，接受批評要克服的最主要的心理障礙，是擔心批評會傷害自己的面子，損害自己的利益。為此，在批評前要幫助對方打消這個顧慮，這樣才能使對方聽得下去。打消顧慮較好的方法，就是先表揚後批評，亦即在肯定對方的成績的基礎上再適當地批評他。

玫琳凱・艾施認為，批評是針對事情，而非針對人。在討論問題之前及之後，不要忘了讚美，而且要試著以友善的口吻來結束。用這種方式來處理問題，你不會引起對方的憤怒。

例如，上司對員工說：「你的工作非常認真，為公司盡了很多力，而且又富有責任感。唯一美中不足的是，你使用的言詞有些不合實際。倘若沒有這一點，你就是公司裡最優秀的職員了。」像這種勉勵多於指責的話，員工當然樂於接受。

有的管理人員充分發洩完怒氣之後，再用一句讚美的話來結束。儘管有些管理專家鼓勵這種技巧，但玫琳凱・艾施不這麼認為。在她看來，一個受到如此對待的人，由於遭到嚴厲的批評會感到極大的震撼，他將聽不到你最後給他的讚美。很明顯，這最後的讚美是多餘的，這種批評沒有建設性，只有破壞性。

此外玫琳凱・艾施還認為，女性比男性更難應付批評，女性會傾向

於把這種批評當作是針對個人而發的。所以，玫琳凱‧艾施建議：表揚要公開，批評只能在私下，管理是一對一的事情，如果你是在和一個人談話，那就不存在你講給誰聽的問題了。

在公司裡，玫琳凱‧艾施主張在批評女性時，應採取較柔和的方式。每個女性的自尊在這裡受到極大的維護，在享受這種維護的同時，她們的工作熱情高漲，公司因此而獲益。

玫琳凱‧艾施說：「我認為，如果你要批評一個員工，就必須表明對某事不滿意。但是，批評的目的是指出錯在哪裡，而不是指出錯者是誰！要採取嚴厲而不失柔和的態度。」

採用柔和的態度並不是說管理者要放縱自己的員工，而是要求經理在提出批評時，一定要講究策略，當某人出錯時，既能指出其錯誤，又不致挫傷其自尊心。每個人都有自尊，但很少有管理者在批評別人的時候注意到這一點。如果既不想傷害對方的自尊，又一定要提出批評，那麼就請你給他一劑加糖的藥。

第七輯　處世讓一步為高，待人寬一分是福

懂得在權勢旺時退讓

> 物極必反。太滿會溢，太尖利會斷。金玉滿堂，不能長久守住；富貴而驕縱，會帶給自己禍害。功成身退是自然執行的規律。

貪戀權力交出首級

權力是一種陷阱，權力越大，危險越大。聰明的人知道急流勇退，明哲保身。像西漢張良，為高祖平定天下立了汗馬功勞，被封為留侯，但他處高位卻並不癲狂，放棄了權位，雲遊四海。相比而言，更多的人則貪戀權位，最終只能落得個悲慘結局。

南宋時的韓侂冑曾經擔任南海縣縣尉，當時他聘用了一個賢明的書生，並十分信任這個書生。但是後來韓侂冑升遷了，兩人便斷了聯繫。即使這樣，韓侂冑每次遇到一些棘手的事情的時候，仍會想起那位書生。

那位書生後來中了進士，為官一任後，不想再在宦海中打拚，於是賦閒在家。一天，那位書生忽然來到韓府，求見韓侂冑。韓侂冑便藉機要他留下做幕僚，並給他豐厚的待遇。盛情難卻，書生只好答應留下一段時日。但不久之後，書生還是提出要走，韓侂冑無奈，設宴為他餞行。席間，韓侂冑悄悄問書生：「我現在掌握國政，謀求國家中興，外面的輿論怎麼說？」

書生立即皺起了眉頭，然後將一杯酒一飲而盡，嘆息道：「平章的家

族,面臨著覆亡的危險,沒什麼好說的了。」

書生從來不說假話,這一點,韓侂冑非常清楚。因此聽了書生的話後,韓侂冑的心情變得沉重起來,苦著臉問:「真有這麼嚴重嗎?為什麼呢?」

書生非常奇怪韓侂冑為什麼至今對此事還毫無察覺,便說:「危險昭然若揭,平章為何視而不見?冊立皇后,您沒有出力,因此,皇后肯定對您心生怨恨;確立太子,您也沒努力,太子自然也會仇恨您;朱熹、彭龜年、趙汝愚等人均被時人稱作『賢人君子』,而您卻將他們撤職流放,士大夫們肯定對您不滿;您積極主張北伐雖然沒有什麼不妥,但是因此而使得軍士傷亡慘重,戰場上遍地屍骨,到處都能聽到陣亡將士親人的哀哭聲,軍中將士難免要記恨您;為了準備北伐,老百姓承受了沉重的軍費負擔,很多人因此幾乎無法生存,所以老百姓也會歸罪於您。您以一己之身,怎能擔當起這麼多的怨氣仇恨呢?」

韓侂冑一聽,方感到事情的嚴重,忙問:「你我雖為上下級,但是親如手足,你能見死不救嗎?快告訴我,我該怎麼辦?」

書生沉吟許久,才說:「有一個辦法,但恐怕我說了也是白說。我衷心地希望平章您這次能採納我的建議。看得出來,當今的皇上不會太貪戀君位,那麼,如果您能迅速為太子設立東宮建制,然後勸說皇上及早把大位傳給太子,太子對您就會由仇視轉為感激了。太子一旦即位,皇后就被尊為皇太后,那時,即使她還怨恨您,也無力再報復您了。接著,您就趁輔佐新君的機會刷新國政。您要追封在流放中死去的賢人君子,撫卹他們的家屬,把活著的人召回朝中,加以重用,這樣,您和士大夫們就重歸於好了。您還需要安定邊疆,勿輕舉妄動,還要重重犒賞

第七輯　處世讓一步為高，待人寬一分是福

全軍將士，厚恤死者。這樣，您就能消除與軍隊間的隔閡。您還要削減政府開支，減輕賦稅，讓老百姓嘗到其中的甜頭。這樣，老百姓就會稱頌您。最後，您還要選擇一位當代的大儒來接替您的職位，自己告老還鄉。您若做到以上這些，或許就能轉危為安，變禍為福了。」

韓侂胄素來貪戀權位，哪肯讓賢退位？再者，北伐中原，統一天下，一直是他沒有實現的夢想，至今仍是雄心勃勃，哪肯善罷甘休？書生見韓侂胄無可救藥，不想受池魚之殃，便離他而去了。

後來，韓侂胄發動「開禧北伐」，遭到慘敗。南宋被迫向北方的金國求和，金國則把追究北伐主謀的「罪責」作為議和的條件之一。開禧三年，在朝野中極為孤立的韓侂胄被南宋朝廷殺害，他的首級也被裝在匣子裡送給了金國。

其實這些專權的人都是「愚人」，他們把權力都攬在自己手中，得勢時受人巴結奉迎，炙手可熱，門庭若市，他們擁有生殺予奪的大權，用眼神和氣色就可以差遣別人，別人對他們恭敬畏懼，不敢仰視他們。但一旦勢去，災禍來臨，就像迅雷不及掩耳，躲也來不及。

秦始皇的丞相李斯因為權力過重，被秦二世腰斬於咸陽市。李斯臨死時對他的兒子說：「吾欲與若復牽黃犬，俱出上蔡東門逐狡兔，豈可得乎？」李斯至死才明白權力哪能與牽黃犬逐狡兔的悠閒生活相比啊！

好心沒好報，絕不做越權之事

人生是個大舞臺。每個人都有自己的位置，都在扮演著自己的角色。——旦有角色越軌出位，舞臺秩序便會被破壞，這場戲便會遭到或大或小的破壞。所以，我們每一個人，要明白自己在生活中的角色，要

懂得在權勢旺時退讓

分清自己的權利和責任。該做的事情要盡力做得完善，該承擔的責任也要勇敢去承擔，而不該做的事情就不要輕易去插手。

承擔責任在不同的工作狀態下有不同的形式，但整體原則是要熟悉自己的職位職責，明瞭自己的許可權。職責內的問題，要主動地予以解決。等到上司來安排，那你就失職了。而如果工作很棘手，處理起來很困難，或根本處理不了，你就要主動把這個情況向有關上司彙報，由上司去處理，而不是等上司問起來的時候，才推說你不知道怎麼做。須知，及時彙報是下屬面對疑難問題的底線處理方法。

漢文帝時期，政府實行無為而治，休養生息，社會經濟獲得了較大的發展，也就是歷史上有名的「文景之治」。

一天，文帝在朝會時問右丞相周勃：「天下一年審理和判決的訴訟案件有多少？」

周勃謝罪回答說：「不知道。」

文帝又問：「天下一年錢糧的收入和開支各是多少？」

周勃又謝罪說不知道，同時嚇得汗流浹背，心裡因不能對答而感到慚愧。文帝看到周勃回答不上來，又問左丞相陳平同樣的問題。陳平回答說：「這些都該問主事的官員。每年的訴訟案件可去問廷尉，錢糧的開支可去詢問治粟內史。」

「如果各個部門都有主管的人，那麼你主管的又是什麼呢？」文帝反問。陳平說：「宰相的職責是對上輔佐天子，對內親撫百姓，使朝廷百官各司其職，對外鎮撫四夷和諸侯。」文帝聽後，對陳平大加讚賞。

周勃極其慚愧，他退朝後埋怨陳平道：「您為何不在平時教我對答呢？」陳平笑著說：「您身居丞相之位，不知道丞相的職責嗎？如果陛下

第七輯　處世讓一步為高，待人寬一分是福

詢問長安城裡盜賊的數目，您自己也要勉強回答嗎？」

這時，周勃內心明瞭自己的才能不如陳平，不久之後就託病回家，請求免除右丞相的職務。這樣一來，陳平不但升任右丞相，而且獨攬左右丞相大權。

「在其位，謀其政。」身為宰相，要指導百官各司其職，要抓大事，抓全面，抓總體，而不能越俎代庖，各行各業的具體工作必須由各行各業的官員去做。

陳平巧妙地回答文帝的提問，委婉地將自己的意思告訴了文帝，既表明了自己的職責，又自謙地做了自我批評，文帝對陳平的回答當然是一百個滿意了。

老闆也是人，他不可能什麼都懂，樣樣皆通。不要濫用權力，不要隨時隨地叱責或命令下屬做事情，也不要過多地干涉下屬的工作，要適當放權，讓下屬有更大、更多的主觀能動性，這樣事情會做得更好。

做員工的要切切實實做好屬於自己職責範圍內的事情。不屬於自己職責範圍內的事情，一定要及時報告。在其位，謀其事；不在其位，不謀其事。超越自己的職權行事，事情做得再好後果也不會好。因為，你沒有尊重他人，侵犯了他人的權力，冒犯了他人的尊嚴。對同事是這樣，對上司也是這樣。

知人者智，知己者明。要知道自己的長處和短處，分清自己的權利和責任，要知道事分可為和不可為兩類。屬於自己職責範圍之內的事情，不得推脫；不屬於自己職責範圍之內的事情，就不要輕易插手，以免冒犯他人，好心辦壞事。有所選擇，當然也要有所拒絕，要知道在適當的時候拒絕做某事。只有在懂得有所選擇有所拒絕，正確取捨之後，我們才有更多更好的時間與精力去選擇做更有意義的事情。

張良知歸隱，范蠡懂退讓

手拿一個杯子，往裡面加水，當水滿的時候，我們還不停地往裡加，結果會怎樣呢？這是三歲的小孩都能回答的問題，答案當然是溢出來。換一個問題：我們拉滿弓後繼續用力拉，結果會怎樣呢？毫無疑問當然是弦被我們拉斷了。這兩個小問題同出一源，那就是「滿招損」，這個道理無人不曉，無人不懂，但要是與我們的實際生活和我們自身的欲望掛起鉤來，恐怕就很少有人能夠真正明白了。

人的欲望是無止境的，這是人的本性使然。我們如何克服自身的這一弱點，這是個非常重要的問題。

讓我們且看鋒利的劍吧，它又尖又銳，鋒芒畢露，然而鋒刃易卷，再磨再損，不久就會被人捐棄，因而老子說越尖銳的東西，越不會長久保存。人生一世，草木一秋。如此比喻人生，聽起來有些消極，但也不違背常理。人生的短暫和草木的轉眼枯亡沒有本質上的不同，所以我們一想到自己的年齡就膽怯，不禁哀怨日子太過匆匆。有人在短暫的一生裡拚命撈取金錢，試圖想用對財富的占有來證明自身存在的意義；而有的人一心出名，想透過名聲來證明自己沒有虛度生命。於是他們開始爭名奪利，為了實現自己的願望，不惜出賣靈魂，結果是得到的沒有付出的代價昂貴，何苦呢？當然，我們不反對採用正當的手段來獲取金錢和名利，但我們必須清楚，人是赤裸裸地來又赤裸裸地去，富貴和名利分毫也帶不走。

古往今來，沒有人能永久地守住自己的名位抑或財富，即便是財富和權力傾天下的王公貴族，甚或一手遮天的帝王也無法保留自己的地位和財富。他們讓後人將珠寶和自己的屍體埋葬在一起，並安裝上各種機

第七輯　處世讓一步為高，待人寬一分是福

關，以求保全自己生前擁有的財富，可他們無論如何也想不到，就在他們被安葬後，盜賊潛入他們的墳墓，將他們陪葬的金銀財寶洗劫一空，並將他們的屍首拋棄在荒野，這是多麼悲慘的結局！更有甚者，連自己的屍體也被偷走了，因為他們身上穿的是金縷玉衣，他們不但失去了珠寶也失去了自己。

物極必反。太滿會溢，太尖利會斷，這就啟示我們要適可而止，進退有度。太露鋒芒就會遭人嫉妒和陷害，不如到一定的時候退而隱之，即「功遂身退」。退而隱之不是形式上的退居深山，而是要有功不倨傲，有名不恃名，有財不揚財。這就叫遵循大道。

大道就是如此，它滋養萬物而不居功。沒有恩義的對待，也就無所謂報答。萬物接受大道的恩典，不去報答，大道和萬物彷彿毫無關聯，所以也就沒有怨恨和嫉妒，一切都是自然而然的。人類只有和大道同步才能做到收放自如、進退有度，才能達到失也是得、退也是進的境界。

人貴知足，張良在協助劉邦取得天下後，毅然謝封歸隱，改行從商；范蠡在幫助勾踐完成復國大計後，也悄然引退，後來經商有道，人稱陶朱公；漢武帝最寵幸的李夫人深知「以色事人者，色衰而愛弛」的道理，所以在臨終之時，堅持不讓武帝看到自己久病後的憔悴容顏，以免破壞了自己在武帝心中的美好形象。

懂得見好就收的這些人，轉換跑道後都有不錯的表現，張良、范蠡均在商界大放異彩，而李夫人雖然辭世，但其父兄家人都因武帝對她的戀戀不捨而蒙受恩待。相反，同樣幫助劉邦建立漢王朝的韓信，卻因為捨不得離開自己的官位而招致殺身之禍。

這些歷史上正反面印證「急流勇退」的有名故事說明了一個道理，就是任何事情在達到巔峰之後，都會走下坡，而禍害也隨之而來。雖然功成身退的道理人人都懂，然而現在的人大都難以領悟這保全自己的不二法門，總要到狼狽不堪的地步時才來追悔。

執持盈滿，不如適可而止。將鐵器磨出鋒利的刃，不可長久保持刃的鋒利。金玉滿堂，不能長久守住；富貴而驕縱，會帶給自己禍害。功成身退是自然執行的規律。請記住：功遂身退，急流勇退。

第七輯　處世讓一步爲高，待人寬一分是福

第八輯
小忍成就大謀略

富者能忍保家,貧者能忍免辱,父子能忍慈孝,兄弟能忍意篤,朋友能忍情長,夫婦能忍和睦。

——《六忍歌》

第八輯　小忍成就大謀略

三思無悔，百忍無憂

> 人的一生當中會遇到很多問題，也會遇到很多挫折，只有學會自制和忍耐，控制自己的情緒，保持平穩的心態，才能客觀地把問題解決，才能攀上勝利的巔峰。

不計恩怨

一般說來，社交過程中產生矛盾的話，雙方可能都有責任，作為當事人都應該主動地「禮讓三分」，多從自己方面找原因。

忍讓，實際上也就是讓時間、事實來表明自己。這樣可以擺脫相互之間無原則的糾纏和不必要的爭吵。

忍讓是一種美德。親人的錯怪，同事的誤解，訛傳導致的輕信，流言製造的是非……此時生氣無助消除煩惱，惱怒不會春風化雨，而一時的忍讓則能幫助恢復你應有的形象，得到公允的評價和讚美。

平日的工作生活中，同事之間因一些小矛盾而發生摩擦不可避免。如果有一方能夠「委曲求全」、豁達忍讓，就能夠化干戈為玉帛，從而維持和諧的氣氛。在一些非原則性的問題上斤斤計較、互不相讓，只會使大家都得不償失。當然，能夠忍讓的一方也必然是具有高度自信和堅忍特質的人。

自制力推你走向成功

人的一生當中會遇到很多問題，也會遇到很多挫折，一個隨意讓情緒「噴」出來而不能自控的人，一定是與成大事無緣的。只有學會自制和忍耐，控制自己的情緒，保持平穩的心態，才能客觀地把問題解決，才能攀上勝利的巔峰。

新的一屆競選又開始了，一位準備參加參議員競選的候選人向自己的參謀們討教如何獲得多數人的選票。

其中一個參謀說：「我可以教你些方法。但是我們要先定一個規則，如果你不按我教給你的方法做，要罰款十元。」

候選人說：「行，沒問題。」

「那我們從現在就開始。」

「行，就從現在開始。」

「我教你的第一種方法是：無論人家說你什麼壞話，你都得忍受，無論人家怎麼損你、罵你、指責你、批評你，你都不許發怒。」

「這個容易，人家罵我，說我壞話，正好為我敲響警鐘，我不會記在心上。」候選人輕鬆地答應道。

「你能這麼認為最好。我希望你能記住這個戒條，要知道，這是我要教給你的方法當中最重要的一條。不過，像你這種愚蠢的人，不知道什麼時候才能記住。」

「什麼！你居然說我……」候選人氣急敗壞地說。

「拿來，十塊錢！」

雖然臉上的憤怒還沒褪去，但是候選人明白，自己確實是違反規則

第八輯　小忍成就大謀略

了。他無奈地把錢遞給參謀，說：「好吧，這次是我錯了，你繼續說其他的方法。」

「這個方法最重要，其餘的跟這個差不多。」

「你這個騙子……」

「對不起，又是十塊錢。」參謀攤手道。「你賺這二十塊錢也太容易了。」

「你真是隻狡猾的狐狸。」

「又十塊錢，對不起，拿來。」

「呀，又是一次，好了，我以後不再發脾氣了！」

「算了吧，我並不是真要你的錢，你出身那麼貧寒，父親也因不還人家錢而聲譽不佳！」

「你這個討厭的惡棍，怎麼可以侮辱我家人！」

「看到了吧，又是十塊錢，這回可不讓你抵賴了。」

看到候選人垂頭喪氣的樣子，參謀說：「現在你總該知道了吧，克制自己的憤怒，控制情緒並不容易，你要隨時留心，時時在意。十塊錢倒是小事，要是你每發一次脾氣就丟掉一張選票，那損失可就大了。」

古往今來，成功更加青睞於能忍耐、有自制力的人。誠然，那些能夠忍住一時情緒的人，確實要比情緒容易衝動的人更能夠勝任較重大的責任與職務。

那麼，怎樣才能避免因一時情緒化而產生的不良後果呢？

美國第三任總統傑佛遜（Thomas Jefferson）曾經說過：當你動怒的時候，在講話前從一數到十；當你激憤時，先從一數到一百。只有這樣，

才可能讓那些嘮叨的父母、聒噪的妻子、挑剔的老闆和喜歡吹毛求疵的人平靜下來，我們的耳根才能得到清淨，社會也才能減少許多事端。

永遠別在盛怒之下做事

從前，國王與隨從們到森林中去打獵，並且還帶著一隻強悍威武的老鷹，這隻老鷹被訓練出來專門用於打獵。只要國王一聲令下，牠就會飛向雲端，向下四處尋找獵物。如果碰巧發現鹿或是兔子，牠就會快速地撲上去，將其擒住。

這天，國王的運氣並不好，他與大家走散了，天氣又很熱，國王覺得十分口渴。他找來找去好不容易找到一處山泉，而且是一滴一滴地從岩石縫中滴出來的。

國王從馬背上跳了下來，從袋子裡取出一個小水杯，去盛接那慢慢滴落下來的水珠。國王花了很長時間才將杯子裝滿，他迫不及待地把嘴湊到杯邊。就在這個時候，突然天空中傳來呼呼的聲音，接著他的杯子就被打翻了，水潑灑在地上，倏地就滲入地縫裡。國王抬頭一看，原來是他養的老鷹。

國王撿起杯子，又繼續接落下的水滴。這次他沒等接到半滿就把杯子舉到嘴邊。這時，那隻老鷹再一次撲下來，把杯子從他的手中打落。這下子，國王有些生氣了。

他大聲吼叫著：「如果你再亂來，我要把你的脖子砍斷！」

然後，他又拿杯子盛水。但是，在他預備要喝水時，老鷹又一次衝下來。憤怒的國王拔出劍刺中了牠，可憐的老鷹沒來得及叫一聲就倒在了血泊中，但這次國王的杯子還是落在了地上。

第八輯　小忍成就大謀略

　　國王氣呼呼地繼續向前走，他想找到水的源頭，大飲一番。後來他終於找到了一個積水的池塘，但是他驚訝地發現，在水池裡有一條死去的巨大的毒蛇，他頓時明白了。他哭喊道：「我的老鷹救了我，牠對我如此忠誠，而我竟然把牠殺了。」他又傷心地回去，找到老鷹的屍體，把牠厚葬了。從此以後，當他再發怒時，他就告誡自己：永遠別在盛怒之下做事。

　　怒是七情六慾的一種，怒極了就會做出事後讓人懊悔不已的事情。德國軍隊中有這麼一個規定：遇到不滿的事情，如果當場提出要討論或者解決，是一定會遭到拒絕的，必須過一段時間，待當事人心情平靜下來之後再提出討論。這個規定確實有其必要。因大怒會導致衝突引起戰爭，小怒則導致紛爭引起毆鬥。因一時衝動或在氣頭上而做出錯事的例子並不少見。唐太宗聽信讒言無心辨別張蘊古的是非，一時意氣用事，錯殺張蘊古，還因盧祖尚拒絕君命，一時大怒又下令殺了盧祖尚。後來唐太宗意識到自己因一時怒氣而殺人是暴行而自我悔過；漢高祖劉邦曾怒刑蕭何，之後認錯，自比桀紂。

　　發怒導致內心的和氣被破壞，激發事物朝不正常的方向發展，如果內心的怒火不被撲滅，那麼它就猶如原野上燃燒的大火，其氣勢和後果非常令人恐懼。倘若只因一時憤怒，就將自己及親人置之腦後，這難道不是糊塗嗎？

　　凡是衝動型的人，一定要意識到自己的莽撞行事往往會帶來更多更大的麻煩。要時刻記住王蒙的話：「在任何處境下都要保持從容理性的風度。心存制約，遇事三思，留有餘地。」所以孔聖人告誡：「忿思難。」意思是說當怒火滿腔將要暴發時，應當考慮由此而來的患難來抑制自己的憤怒。

無法避免，那就忍受

> 人要做大事必須有面對挑戰的勇氣，面對困難的耐心，同時還要有身處孤寂的韌性。當你坐上「冷板凳」時，千萬不要灰心喪氣，而要冷靜地對待冷遇，理智地對待困境，強化自己的能力，用平和的情緒、低調的姿態表現自己。

為了能掌權忍耐十幾年

人在一生中總會有不同的際遇、處境。順風好行船，逆境難為生；位高好成事，位卑難做人。大丈夫當能屈能伸，能進能退。在某些特殊情況下，不要一味使用蠻勁去碰壁，而應該分析局勢，做出某些以退為進的決策，記得「好漢要吃眼前虧」。因為「眼前虧」不吃，可能要吃更大的虧。

我們假設這樣一種情況：你開車和別的車擦撞，對方只是「小傷」，甚至可以說根本不算傷，可是對方車上下來四個彪形大漢，個個橫眉豎目，圍住你索賠，眼看四周荒僻，不可能有人對你伸出援助之手，請問你要不要吃「賠錢了事」這個虧呢？

當然可以不吃，如果你能「說」退他們，或是能「打」退他們，而且自己不會受傷的話。如果你不能說又不能打，那麼看來也只有「賠錢了事」了。因為，「賠錢」就是「眼前虧」，你若不吃，換來的可能是更大的損失。

第八輯　小忍成就大謀略

　　歷數古今中外得大成之人，無不是善處逆境和善待位卑的智者。他們能屈能伸、能俯能仰，從不把自己看得比別人更高貴、更顯赫。特別是在別人之下的時候，更能顯出低調做人的風範。

　　張居正是明朝名相，他在執政的十年中，大膽地從政治、經濟、軍事各方面進行重大改革，使國家安定，經濟發展，一時出現清明富強的景象。

　　張居正被選為庶吉士之後，一面大量讀書，一面細心思索官場上的門道。他有滿腔的政治抱負，但當時世宗昏庸，奸臣嚴嵩為非作歹，張居正一時無法施展自己的才能，只得忍耐，與嚴嵩周旋，一直苦苦熬了十幾年。

　　終於，嚴嵩在專權十五年後倒臺了，徐階成了首輔，張居正也開始得到重用。然而，張居正入閣後又遇上精明強幹、頭腦敏銳的政治對手高拱。張居正只得再次忍耐。儘管高拱對他傲慢無禮，他卻用謙恭與沉默來應對。

　　高拱下臺後，張居正資格最老，被召回當了首輔。他掌權後，立即改變了過去那種小心翼翼、沉默寡言的狀態，變得雷厲風行、有理有節，在全國範圍內推行一系列改革活動，把國事整理得井然有序，促進了當時社會經濟的發展。

　　所以，有的時候因環境所迫，我們必須要吃「眼前虧」，要知道，忍，不僅是一種韌性的戰鬥，更是一種生存智慧，是戰勝人生危難的有力武器。

新來畢業生忍耐得提升

在足球隊中，除了上場踢球的十一個隊員外，還有幾個替補隊員，俗稱「板凳隊員」。在一場比賽中，這些板凳隊員有的只能上場幾分鐘，有的則連上場的機會都沒有。所謂的「冷板凳」便由此而來！

坐「冷板凳」並不是一件沒本事、丟人的事，即使是國腳也有「失腳」的時候，也要有坐「冷板凳」的勇氣。際遇再佳的人也不可能一輩子不遭到「冷遇」，與其在「冷板凳」上自怨自艾，疑神疑鬼，不如調整自己的心態，把「冷板凳」坐熱。

當你懷才不遇的時候，記著一定要泰然處之，要利用自己的聰明才智去尋找新的機遇，而不是怨聲載道地挖苦別人。事實上，上帝對每個人都是公平的，許多機遇就在身邊，只是你沒有抓住罷了。失去機遇固然可惜，但失去機遇就自甘於人後更不可取。要想成功就要積極努力地變不遇為遇，這也是最好的忍耐方式。

有一位外貿學院畢業的大學生，分到某外貿公司當職員。年輕人非常能幹，剛進公司時很受老闆賞識，但不知怎的，在並沒犯什麼錯誤的情況下，他被「冷藏」了起來，整整一年時間，老闆從未過問他的情況，也不交給他重要的工作。但他從未抱怨過，也沒有因為未受重視而去討個說法，他堅持認為自己還是個新員工，坐「冷板凳」是必需的。

果然，不久老闆找他談話，肯定了他這一年多來的成績，還依據他的實際能力為他晉升了職位。同事們都說他把「冷板凳」坐熱了。其實在遭到冷遇時，不妨把它看成是對自己毅力、品德、特質的綜合考驗，冷靜地對待自己的不利處境。不要讓自己處在風口浪尖之上，這是能夠忍耐住不平之氣的關鍵。

第八輯　小忍成就大謀略

面對非常緊迫的就業形勢，剛出校門的畢業生由於沒有從業經歷，很難找到滿意的工作。卡莉·費奧麗娜（Carly Fiorina）是史丹佛大學法學院的學生。畢業後，她的第一份工作是在一家地產經紀公司做接線員。每天的工作就是接電話、打字、影印、整理檔案，但她毫無怨言，在簡單的工作中積極學習。一次偶然的機會，幾個經紀人問她是否還願意做點別的什麼，於是卡莉·費奧麗娜得到了一次撰寫文稿的機會。就是這一次，她的人生從此改變。這位卡莉·費奧麗娜就是惠普公司的前CEO。

人要做大事必須有面對挑戰的勇氣，面對困難的耐心，同時還要有身處孤寂的韌性。你大可借坐「冷板凳」的時機調整自己的心態，蓄勢待發，努力做好每一件小事，多做事少抱怨，贏得前輩們的認同和信任，待時機到來時再大顯身手。如果你自暴自棄，那麼恐怕要坐到屁股結冰了，而且惡評一起，再翻身恐怕就很困難了。

總之，一旦自己坐了「冷板凳」，千萬不要灰心喪氣，而要強化自己的能力，用平和的情緒、低調的姿態表現自己，這樣也許更能贏得他人的欽佩和認同。

忍耐幫你拿到更有力的牌

在工作中我們可能會遇到這種情況，過去有過摩擦的同事忽然有一天成了你的上司。解決這個尷尬的最好辦法當然是調離，但調動工作職位在機關來說不是一件易事，你正確的選擇應該是與之調整關係。

你可以主動表示友善，將表面距離拉近，在任何情況下，對方都應該做出高姿態。這樣，你與之關係不好的事實被掩蓋起來了，就避免了

其他同事利用此矛盾對你進行排擠。同時你要記住，最好在其他同事面前少提你們過去的關係，避免風言風語，有關兩人的齟齬更不該重提。不妨在人前人後多讚揚他的好處，表示你的大度和友善。

主動化解，對自己要求更加嚴格一點，盡量在工作上不給上司留下貶低你的機會。同時，冤家易結不易解，你要放棄過去的嫌隙，主動邀請或透過朋友請上司吃頓飯，交流一下感情。一切從零開始，而不要從負數開始，這是解決這個問題的基本原則。

當他因某事大發雷霆，但這事與你沒半點關係，就最好別花時間去了解，將麻煩留給別人好了，若有人找你評個公道，你就淡淡地說：「事情的始末我不清楚，妄下斷語，不好吧！」而且，茶餘飯後，有人提及，你同樣只宜做聽眾，切莫提意見。

這樣，來者不會怪你，那位老兄也不會聽到你任何評語，對你自然不會有「新仇」。

要是事件與你有直接關係，最好採取低姿態，若對方暴跳如雷，就讓他發洩，切忌與他對罵，而且要避免直接與他攤牌。

要做報告的話，就只將事情始末以白紙黑字呈報上司，所有是與非由上司去裁決。你在事後也應保持緘默，或者索性忘卻整件事切忌四處張揚。既然受到冷遇已成為一個事實，那麼最高明的辦法莫過於坦然地接受它，並努力做到使自己的心態平和，不但不為逆境所困擾，而且還能化不利為有利，使自己的精神永遠不被打倒。

辦公室的緊張環境本來就容易使人變得愛猜忌、乖戾、鬱悶、暴躁，這時的你與其花費時間去貶低對手，急著跳出來表現自己，不如冷靜下來想想怎樣編織更為和諧的人際關係，圓滿地完成每一件任務。如

第八輯　小忍成就大謀略

果能做到做事得體、待人有禮，表現落落大方，那麼你一定會爭取到那張對自己更為有利的牌。

在職場上，你也許還會碰到這種情況：你一直努力工作，以為升遷只是遲早的事，可是上司公布了升遷名單，是你的好搭檔升任，你感覺如同被一盆冷水澆下來。

這種境遇下，周圍的人都視你為失敗者，向你投以憐憫的目光。他們在遇到你時，欲言又止，彷彿不知如何表示憐憫，也不知如何與你攀談。在這樣的情況下，你必須盡快擺脫尷尬的境況，想辦法由被動轉為主動，以下的做法可供參考。

首先，恭賀好搭檔升遷，表示你的大度和支持。這一點很重要，表示你的為人態度，解除對方的戒備心理。同時，工作上要像往常一樣專注和投入，但不要過分，表現異常。此外，在其他同事面前保持開朗。

其次，不要向他人傾訴老闆對你曾許的承諾，或者直接找老闆發問，因為這樣會令老闆反感。

還有一種情況，就是你這位好搭檔升任之職位，正好是你的上一級。與好搭檔一起工作應該是一件好事。可是，你或許有些不自在之感。

一是因為平日雙方平等相處，如今卻要聽命於他，如果公事上不合，就會影響私交；二是怕對你們有怨恨的同事會藉機製造謠言，挑撥離間。

在這種情況下，公私分明是你應該堅持的原則。公事公辦，許多問題就會自然化解。在公司裡，只記著對方是上司，他交給你的事必須像以前一樣盡力而為，有許多事必須向他報告。發現對方有出錯的地方，

你應該誠懇地與他商討，切莫留待私下傾談。

　　身正不怕影子斜。既然行得正，不貽人口實，人家又怎能離間你們的關係呢？即使有人無中生有，你無愧於心，又何懼之有？

　　當然，下班後，你還是有百分之百的自由去與老搭檔、新上司進行私人約會，不必自己畫地為牢。

　　總之，不管是進還是退，在任何情況下，都要保持平和從容。這一點很重要，若是你連配角都無法演好，那怎麼能夠讓人相信你還能夠演主角呢？

　　平和從容，好好地扮演配角的角色，一樣會得到掌聲和認可。

　　在工作事業中，只要主角配角都能演，你的這種彈性與從容肯定會贏得他人的尊重，你出色的表現自然會贏得再挑大梁的機會。

第八輯　小忍成就大謀略

往往最後一把鑰匙能開啟門

> 忍一時，風平浪靜。聰明的人應當對那些無足輕重的事情無動於衷。當我們「泥足深陷」時，如果盲目反抗不起任何作用，那就用百倍的忍耐為既定的目標暗中積蓄力量，總會有出頭的一天。

臥薪嘗膽稱霸諸侯

西元前四九四年，吳王夫差為報殺父之仇，以伍子胥為大將，傾國內全部精兵，向越國進攻。越國大敗。越王勾踐眼看就要國破家亡，急忙要求跟吳王議和。議和的條件是，勾踐和他的妻子到吳國來做奴僕。勾踐與大臣文種和范蠡經過一番謀劃之後，答應偕妻子心甘情願侍奉夫差。

夫差將勾踐押回吳國都城後，在先父闔閭的墓旁建了一所簡陋的石頭房子，將勾踐夫婦安置其中，讓他們做最髒最累的工作。勾踐整天蓬頭垢面地做事，沒有絲毫怨言，似乎忘記了屈辱，已甘心為奴了。夫差還經常派人去察訪，察訪的人向他報告說，勾踐夫婦生活非常艱辛，但做事卻很勤快，從不偷懶，並沒有看到不軌的舉動。

夫差出門時，還讓勾踐在前面為他牽馬。來到大街上時，侍從還高聲大喊：「快來看呀，現在站在你們面前的是越王勾踐，他現在已經淪落為大王的馬伕了。」於是街上百姓紛紛上前對勾踐又是推搡又是打罵。儘管受盡了羞辱，但勾踐並沒有異常的行為，似乎已麻木了。

往往最後一把鑰匙能開啟門

時間一長,夫差認為勾踐已經胸無大志,對他的管束也逐漸鬆懈了。有次,吳王病了,勾踐為表忠心,去探視吳王。吳王腹瀉不止,便令勾踐暫時迴避一下。勾踐連忙說:「賤臣過去曾從師學醫,了解一些醫術,如果讓我嘗一下您的糞便,我就可以判斷您病情的輕重。」說完就親口嘗了嘗夫差的糞便,然後恭喜夫差,說他的病不久將會痊癒。

夫差疑惑地問:「你怎麼知道的?」

勾踐回答說:「賤臣曾聽醫師說:『糞者,穀味也,體健其味重,體病其味輕。』賤臣剛才嘗過大王的糞便,味酸而稍苦,可見沒有什麼大礙!稍加調養就可以了。」

夫差嘆息道:「勾踐今日如此對我,這些是我寵信的大臣和兒子都做不到的啊!勾踐對我的確忠心耿耿!」感動之餘,吳王決定病好後釋放勾踐夫婦回國。

幾天之後,夫差的病好了,他履行了自己的諾言,放勾踐夫婦回國。勾踐回國以後,臥薪嘗膽,勵精圖治,十年教訓,十年生聚,使越國恢復了元氣。後來他趁吳王夫差出兵與中原大國爭霸之時,攻打吳國,經過多次戰鬥,終於把吳國打敗了,夫差走投無路,只得自殺。勾踐忍小謀大,發憤圖強,不僅打敗了吳國,而且一度稱霸諸侯。

堂堂一國之君,肯為奴僕,已是不可思議,更何況嘗糞便,其忍辱之心真是無人可比。如果盲目反抗不起任何作用,那就用百倍的忍耐為既定的目標暗中積蓄力量,總會有出頭的一天。

能夠忍受侮辱者,必定能成就大事業。西漢韓信,少時曾忍辱從別人胯下鑽過,遭眾人恥笑,但他卻具有王侯將相的氣度。

西漢韓安國,因罪入獄後,被獄吏用不可復燃的死灰做比喻,可見

第八輯　小忍成就大謀略

韓安國受到的恥辱達到何種程度，但他後來卻做了梁王內史；戰國時，魏國的范雎曾被人捲入蓆子拋入廁所，讓醉鬼往他身上撒尿，但他最終被封為應侯。忍受一時之辱，最終有所成就，那為何不能忍一忍呢？

真的英雄，何必氣短，善始善終，方為不敗！忍能保身，忍能成事，忍是大智、大勇，更是大福！忍小人，忍豪強，忍天下難忍之事，不做性情中人，成常人難成之事。

拳王遭辱罵，道歉說好話

有一次，一隻鼬鼠向獅子挑戰，要同他決一雌雄。獅子果斷地拒絕了。「怎麼，」鼬鼠說，「你害怕嗎？」

「非常害怕，」獅子說，「如果答應你，你就可以得到曾與獅子比武的殊榮；而我呢，以後所有的動物都會恥笑我竟和鼬鼠打架。」

對於低層次的交往和較量，大人物是不屑一顧的。在競爭中尤其如此。你如果與一個不如你的人爭執不休，就會浪費自己的很多資源，降低人們對你的期望，並於無意中提升了對方的層次。

美國拳王喬‧路易（Joe Louis）在拳壇所向無敵，連實力強勁的對手也懼他三分。有一次，他和朋友一起開車出遊，途中，因前方出現意外情況，他不得不緊急煞車。不料，後面的車因尾隨太近，儘管也同樣緊急煞車，但兩輛車還是有了一點輕微碰撞。

喬‧路易本不以為意，他想雙方協商將事情處理好就是了。但沒有料到的是，後面的司機怒氣沖沖地跳下車來，嫌他煞車太急，繼而又大罵喬‧路易駕駛技術有問題，並在喬‧路易面前揮動著雙拳，大有想把對方一拳打個稀爛之勢。

喬‧路易自始至終除了道歉的話外再無一語，而那司機直到罵得沒興趣了才揚長而去。

喬‧路易的朋友事後不解地問他：「那人如此無理取鬧，並且還在你面前亂揮拳頭，你為什麼不狠狠揍他一頓？」

喬‧路易聽後認真地說：「如果有人侮辱了帕華洛帝（Pavarotti），帕華洛帝是否應為對方高歌一曲呢？」

忍一時，風平浪靜。聰明的人應當對那些無足輕重的事情無動於衷。有些無事生非的人只是習慣性地找碴生事，如果你受他們的影響或分散精力去反擊，只會如同艾布蘭將軍所說的：「別跟豬打架，不然到時你弄得一身泥，而牠們卻樂得很呢！」

「明智的藝術就是清楚地知道該忽略什麼的藝術。」所以不要被不重要的人和事過多地打擾，因為「成功的祕訣就是抓住目標不放」。要知道，成功者沒有多少時間可以用來浪費，他要在並不長的生命中，完成許多一流的事。所以，他必須放棄或減少爭執、答辯和澄清；必須忍住不為小事所纏；必須具備很快分辨出什麼是無關事項的能力，然後立刻砍掉它。

因為只要做好大事，小事就會不攻自破。成功者大都具備無視「小」的能力，無論是他人還是個人的是非，除非被擋了去路不得不挺身而出，否則不會去關注。這就像在你往前奔跑的時候，不注意路邊的螞蟻、水邊的青蛙，但一定會對攔路的毒蛇有所作為一樣。如果你要一個個地清除所有的障礙，那麼你就會什麼事也做不成。

美國前總統柯林頓在白宮這樣說過：「如果要我讀一遍針對我的指責，並逐一做出相應的辯解，那我還不如辭職算了。我憑藉自己的知識

第八輯　小忍成就大謀略

和能力盡力工作，如果事實證明我是正確的，那些反對意見就會不攻自破；但如果最後事實證明我是錯的，那麼即使有十多位天使說我是正確的也無濟於事。」

因為一個人對瑣事的興趣越大，對大事的興趣就會越小；而非做不可的事越少，越少遭遇到真正問題，人們就越關心瑣事。這就如同下棋一樣，和不如自己的人下棋會很輕鬆，你也很容易獲勝，但永遠長不了棋藝，而且這樣的棋下多了，棋藝反而會越來越差，所以好棋手寧可少下棋，也盡量不和不如自己的人較量。

梅蘭芳的琴師磕頭學藝

所謂「臉皮」不過是人的自尊心的一種通俗形象的說法。心理學認為，自尊之心，人皆有之，人的尊嚴不容冒犯。自尊是一種精神需求，是人格的核心。從一定意義上說，維護自尊是人的本能和天性。在現實生活中，自尊心的強弱因人而異。有的人自尊心特別強，把面子看得高於一切，其實是虛榮心在作祟。過於愛惜臉皮毫無意義。裝裝樣子，做個姿態，甘拜下風，認個錯，自己並不損失什麼，而結果卻是你好我好，一團和氣，何樂而不為呢？

不過臉皮厚一點，並不是不要個人的尊嚴，而是說，要掌握適當的分寸，不要光想著自己的面子，還要看到比這更重要的東西，比如事業、工作、友誼等等。

小王是一位初學寫作的文藝青年，花了半年時間寫了一篇小說。他信心十足地來到編輯部，沒想到一個編輯看後直搖頭，當著很多人的面說：「你這寫的是什麼？連句子都不通，哪裡像小說！……」他被說得滿

臉通紅，就想回敬一句：「你仔細看了嗎？」可是，他忍住了，反而以請教的口氣說：「我是第一次寫小說，還希望老師給予指正。」從編輯部回來他沒有洩氣，反而更加奮發，寫成後又厚著臉皮去找這個編輯。真是不找不成交，這一次編輯的態度變了，提了一些修改意見。後來小說發表了，他和編輯還成了朋友。

每個人都有自己的臉皮觀念，這關係到自己的尊嚴和地位。只不過，每一個人在實現自己目標的過程中，都需要臉皮厚才能把懷疑拋在一邊，不對自己的能力、動機、價值心存疑惑。

古往今來，從東方到西方，有許多利用厚臉皮獲得成功的事例。他們之所以能夠成功，就是因為他們練就了刺不進、扎不透的厚臉皮，保護著他們免遭旁人所有可能的非難。

徐蘭沅是著名京劇琴師，先後為京劇藝術大師譚鑫培、梅蘭芳操琴數十年，在京劇界頗負盛名。徐蘭沅年輕的時候，京劇界有一位老琴師名叫耿一，操琴技術十分精湛。徐蘭沅很想拜他為師，只是苦於沒有機緣。一天，徐蘭沅正在街上走著，正好遇見了耿一。徐蘭沅求師心切，便急忙走上前去，懇求耿一賜教。

誰知耿一從來不收徒弟。他滿臉傲氣，把徐蘭沅從頭到腳打量了好一陣子，然後用不無侮辱的口吻說：「小子，我可以教你。不過，你得趴在這大街上當眾給我磕個頭才行。」徐蘭沅一聽，二話沒說就跪倒在街上，給耿一恭恭敬敬地磕了個頭。

耿一見徐蘭沅學藝如此心誠，當即就破例收下了他這個徒弟，這一跪拜磕頭使徐蘭沅的琴藝大增。

細思之，厚臉皮其實是「勝固欣然敗亦喜」的平常心，「走自己的路

第八輯　小忍成就大謀略

讓別人說去吧」的勇氣，愈挫愈奮、百折不撓的堅忍，抱負遠大、志在高遠的胸襟，還有志在必得的自信。歸根結柢就是心理韌性好，實為當今成功所必備的「心計」。

曹禺把羞辱當餽贈

　　西元一九八〇年代初，年逾古稀的曹禺已是海內外聲名鼎盛的戲劇作家。有一次美國同行亞瑟・米勒（Arthur Miller）應約至京執導新劇本，作為老朋友的曹禺特地邀請他到家做客。午飯前休息時，曹禺突然從書架上拿來一本裝幀講究的冊子，上面裱著畫家黃永玉寫給他的一封信，曹禺逐字逐句地把它唸給亞瑟・米勒和在場的朋友們。

　　這是一封措辭嚴厲且不講情面的信，信中這樣寫道：「我不喜歡你解放後的戲，一個也不喜歡。你的心不在戲劇裡，你失去偉大的靈通寶玉，你為勢位所誤！命題不鞏固、不縝密，演繹分析也不夠透澈，過去數不盡的精妙休止符、節拍、冷熱快慢的安排，那一籮一筐的雋語都消失了……」

　　亞瑟・米勒後來撰文詳細描述了自己當時的茫然：「信中對曹禺的批評，用字不多但相當激烈，還明顯夾雜著羞辱的味道。然而曹禺念信的時候神情激動。我真不明白曹禺恭恭敬敬地把這封信裱在裝幀講究的冊子裡，現在又把它用感激的語氣唸給我聽時，他是怎麼想的。」

　　亞瑟・米勒的茫然是理所當然的，畢竟把別人羞辱自己的信件裱在裝幀講究的冊子裡，且滿懷感激地唸給他人聽，這樣的行為太過罕見，無法使人理解與接受。但亞瑟・米勒不知道這正體現曹禺的清醒和真誠。儘管他已經是功成名就的戲劇大家，可他並沒有像旁人一樣過分愛惜

「自己的羽毛」——榮譽和名聲。這種「傻氣」的舉動所透露的實質是曹禺已經把這種羞辱演繹成了對藝術缺陷的真切悔悟。此時的羞辱信對他而言已經是一筆鞭策自己的珍貴餽贈,所以他要當眾感謝這一次羞辱。

生活永遠源源不斷地製造羞辱,這是永恆的命題,而它是包袱還是鼓勵取決於你的態度。

有個普通大學的學生打算參加一家著名報社的暑期實習,但傲慢的報社接待人員看了履歷後,毫不留情地把履歷丟還給他:「普通大學學生暫時不在我們的考慮範圍之內。」羞辱與尷尬使那個學生的臉漲得通紅。他在眾人的訕笑下逃跑似的溜了。但他並沒有因此放棄,反而一遍遍鼓勵自己。經過努力,他終於在另一家更出色的報社找到了實習的機會。是那次的羞辱刺激了他,激發了他的鬥志。

漫漫人生路,或許我們可以把它譬喻為一次又一次課程連結的集合,有區別的只不過是這些課程你自身能不能夠做出抉擇。出身、智力、相貌等先天因素可被命名為「必修課」,因為它們無法由我們自身定義與逆轉。其他後天必須面對的成長環境或人生際遇,我們可以命名為「選修課」——你可以在行動中彰顯自我的意願與態度,按自己的方式選擇這門「課程」的完成態度。

羞辱無疑就是人生的一門選修課,心胸狹窄者把它演繹成包袱,而豁達樂觀者則會把它看作是「鼓勵」的別名,感謝羞辱,從羞辱中提煉出自身的短處與缺陷,用羞辱鼓勵完善自我——曹禺就是最好的佐證。

第八輯　小忍成就大謀略

忍耐是痛的，但結果是甜的

> 「大丈夫能屈能伸」，一個真正聰慧的人應該既要有度量，又要有骨氣。該忍讓的時候要忍讓，而遇到邪惡的東西，則要堅決地與之抗爭。有所忍，有所不忍，這才不失豁達大度的真諦。

當忍則忍，當硬則硬

人與人在日常交往中，必然會有矛盾和摩擦，只要不是原則性的問題，就沒有必要過分計較。寬容忍讓是一種可取的人生態度。正是這種精神，使我們家庭關係穩定，人際關係和諧。

但是，寬容並不是放棄尊嚴，一味退讓。孔子曰：「是可忍，孰不可忍。」所有事物都有其最大負荷量，寬容忍讓也要有分寸。一味忍氣吞聲，逆來順受，是膽小怯懦的表現。

如果，忍一時，不僅不能風平浪靜，反而風更正，浪更暴，退一步，不僅不能海闊天空，反而海更暗，天更黑，那就絕對不能忍讓。

大者，在關係到法律尊嚴的原則事情上不能忍讓，否則就是縱容了犯罪。小者，在牽涉到個人尊嚴、人格、權益的事情上不該忍讓。對蠻不講理者，要據理力爭。

有一次，齊王派晏子出使楚國。楚王知晏子身矮貌醜，存心想侮辱他，便令人在城門旁邊挖了一個狗洞，讓管禮賓的小官帶晏子從此洞進城。

忍耐是痛的，但結果是甜的

晏子看看周圍等著看笑話的人們，十分驚訝地說：「啊呀！今天我恐怕是來到狗國了吧？怎麼要從狗門進去呢？」楚人討了一臉沒趣，只好把晏子從大門引進了城。

晏子見到楚王後，楚王傲慢地瞟了他一眼，問道：「你們齊國難道就沒有人了嗎，怎麼單單派你出使，就派不出比你更強的人嗎？」

晏子回答說：「怎麼派不出呢？但是我們齊國委派大使是有規矩的，賢人被派去見賢明的君主，無能的人被派去見無能的君主。我晏子是齊國最無能的使臣，所以就被派來見您了。」

楚王本來是想羞辱晏子的，沒想到卻搬起石頭砸了自己的腳。晏子的一番話不但挽回了自己的面子，也維護了齊國的尊嚴。這便是「以其人之道還治其人之身」。既然你要借題發揮，諷刺挖苦，我何不針鋒相對，以牙還牙！

古人云：「投我以木桃，報之以瓊瑤。」你對我好，我自然也對你好；你惡語傷人，我的退讓也有限度。對一些蠻不講理的人，如果一味退讓，只會更助長他們的囂張氣焰。

也許有人要說，以牙還牙，那不是教人以惡抗惡嗎？以善報惡，固然用心很好，卻不免愚鈍，不足以懲惡揚善。惡者橫行，正因為善者軟弱。善者要強而有力，要講究用智慧來對付惡的「陰謀」。

忍要有限度，讓應有分寸

林語堂在《隨和》中說：「隨緣行止隨遇安，莫謂隱忍太沉寂；祥和瀰漫充環宇，逢執即舍保常寧。」

當然，我們提倡忍的精神，要寬以待人，忍辱負重，平和達觀，

第八輯　小忍成就大謀略

但不是勸告你怯懦。對什麼都一味忍耐，只會變得麻木、怯懦、奴性十足。

有一條大蛇危害人間，傷了不少人畜，以致農夫不敢下田耕地，商賈無法外出做買賣，孩子不敢到學校上學，人人都不敢外出。

無奈之下，人們便到寺廟的住持那裡求救。這位住持是位高僧，無論多凶殘的野獸都能馴服。

不久之後，大師就以自己的修為，馴服並教化了這條蛇，不但教牠不可隨意傷人，還點化了許多為人處事的道理。

人們慢慢發現這條蛇變了，甚至還有些畏怯與懦弱，於是紛紛欺侮牠。有人拿竹棍打牠，有人拿石頭砸牠，連一些頑皮的小孩，都敢去逗弄牠。

某日，蛇遍體鱗傷，氣喘吁吁地爬到住持那裡。「你怎麼啦？」住持見到蛇後，不禁大吃一驚。「我……我……我……」大蛇一時語塞，「你不是一再教導我應該與世無爭，與大家和睦相處，不要做出傷害人畜的行為嗎？可是你看，人善被人欺，蛇善遭人戲，你的教導真的對嗎？」

「唉！」住持嘆了一口氣後說道，「我只是不讓你傷害人畜，並沒有不讓你嚇嚇他們啊！」

忍耐也應有個限度，過分的忍讓就成了一種懦弱，掌握好這個分寸，才是正確的處世之道。如何掌握忍讓這個分寸，是人生的一種藝術和智慧，也是「忍」的關鍵所在。

很難說忍讓有什麼通用的尺度和準則，更多的是隨著所忍之人、所忍之事、所忍之時空的不同而變化。它要求有一種對具體環境、具體情

況做出具體分析的能力。毫無界限的「忍」不能算是真正強者的「忍」，它只是一種懦弱和無能的表現，甚至可以說是一種愚蠢。

洛克是國家圖書館的職員，考慮到自己是從加州應徵來的，在工作中他處處小心、事事謹慎，對每位同事都畢恭畢敬，偶爾與同事發生點小摩擦，從不據理力爭，總是默默地走開。漸漸地，大家都認為他太老實，太窩囊，都不把他當回事，在許多事情上總是讓他吃虧。

想起兩年來同事們對他的態度，尤其在獎金分配上自己老是吃虧這些事，洛克心裡很覺委屈。殘酷的現實使他不得不對自己的為人處事進行反思了。

於是他決心改變自己。一次，同組的一位同事擅離職守丟失了兩本書。這位同事嫁禍於洛克，說是他代自己值的班。主管在會上通報這件事時，洛克馬上站了起來，說道：「主管，今天的事你可以調查，查一查值班表。今天根本就不是我的班，怎麼能說我不負責任。主管，有人是別有用心想讓我替他頂罪。在這裡，我順便告訴大家，我不是懦夫只是覺得大家在一起共事也是有緣，所以不想和同事們爭來爭去罷了。以後，誰要再像以前那樣待我，對不起，我就不客氣了。」

從此以後，洛克發現同事們對他的態度有了明顯的轉變。他也抬頭挺胸起來，不再扮演被人欺負的老實人的角色了。

「大丈夫能屈能伸」，一個真正有工作經驗的人應該既要有度量，又要有骨氣，該忍讓的時候要忍讓，而遇到邪惡的東西，則要堅決地與之抗爭。有所忍，有所不忍，這才不失豁達大度的真諦。

第八輯　小忍成就大謀略

愛因斯坦的不同之處

　　你之所以總是急躁不安，也許是因為你覺得自己太重要了，等待不了任何人或任何事。

　　你當然沒有這麼重要，我們誰也沒有這麼重要。如果我們能夠接受這一點，即，這個世界是供我們去體會的，而不是為我們提供方便的，我們就會過得更平和些，更耐心地對待生活中的變遷。

　　人生需要沉穩與忍耐。愛因斯坦認為自己與普通人最大的區別，就是能夠把散落在草堆裡的針全部找出來，這是一種何等的耐性啊！

　　誠然，忍耐的人生有時不免要甘於寂寞，好在寂寞是生命的多數事實之一，是提升自己的泉源，而成功者正是在此種忍耐寂寞的跋涉中走出了平凡的世界，讓自己最終接近於不平凡的世界。

　　正所謂「忍得過，看得破；提得起，放得下」。凡事「靜觀皆自得」，因為忍得一時之氣，所以海闊天空，既是海闊天空，就能從從容容，那麼，又有什麼事可以困得住自己呢？

　　忍耐也是一種修養。我們常說要選用德才兼備的人才。所謂德才兼備，也包括了忍耐。有人說，有才必須忍耐，忍耐才能有德。這句話很有道理。

　　漢初名臣張良外出求學時曾遇到一件事。一天，他在橋上遇到一個老人，穿著粗布衣服，在那裡坐著，見張良過來，故意讓鞋子掉到橋下，衝著張良說：「小子，去給我把鞋撿上來！」張良聽了一愣，本想發怒，但看他是個老年人，就強忍怒氣到橋下把鞋子撿了上來。

　　誰知老人得寸進尺，說：「幫我把鞋穿上。」張良想，既然已經撿了鞋，好事做到底吧，就跪下來幫老人穿鞋。

老人穿上後笑著離去了。一會兒又回來，對張良說：「你這個年輕人可以教導。」老人後來將《太公兵法》傳授給張良，使張良最終成為一代良臣。老人考察張良，就是看他有沒有遇辱能忍自我克制的修養，有了這種修養，「孺子可教也」，今後才能擔當大任，才能處理複雜的人際關係和艱鉅的事情，才能遇事冷靜，知道禍福所在，不意氣用事。

忍耐不僅是一種處世的策略，更是一種藝術。大忍者，大智也。忍耐能夠達到貌似愚蠢的程度，是謂大智若愚。而最能忍耐、最有耐心的人，也是比較容易成功的人。

贏在沉著，以冷靜心態笑到最後：

不炫耀 × 不衝動！在壓力中保持冷靜，逆轉局勢的低調哲學

作　　　者：郭津宏	
責 任 編 輯：高惠娟	
發　行　人：黃振庭	
出　版　者：樂律文化事業有限公司	
發　行　者：崧博出版事業有限公司	
E - m a i l：sonbookservice@gmail.com	
粉　絲　頁：https://www.facebook.com/sonbookss	
網　　　址：https://sonbook.net/	
地　　　址：台北市中正區重慶南路一段 61 號 8 樓	

8F., No.61, Sec. 1, Chongqing S. Rd., Zhongzheng Dist., Taipei City 100, Taiwan

電　　　話：(02)2370-3310	
傳　　　真：(02)2388-1990	

律師顧問：廣華律師事務所 張珮琦律師
定　　　價：350 元
發 行 日 期：2024 年 11 月第一版
◎本書以 POD 印製
Design Assets from Freepik.com

國家圖書館出版品預行編目資料

贏在沉著，以冷靜心態笑到最後：不炫耀 × 不衝動！在壓力中保持冷靜，逆轉局勢的低調哲學 / 郭津宏著 . -- 第一版 . -- 臺北市：樂律文化事業有限公司 , 2024.11
面 ；　公分
POD 版
ISBN 978-626-7552-68-1(平裝)
1.CST: 成功法 2.CST: 修身
177.2　　　　　　113016987

電子書購買

爽讀 APP　　　臉書